穿越百年中国梦

吕章申题

国家出版基金项目
NATIONAL PUBLICATION FOUNDATION

顾　问：吕章申
主　编：陈履生
副主编：白云涛

穿越百年中国梦

重返联合国

写给孩子的"四史"学习教育读本

龚　青◎著

SPM
南方传媒　｜　新世纪出版社
·广州·

图书在版编目（CIP）数据

重返联合国 / 陈履生主编；龚青著 . — 广州：新世纪出版社，2017.12（2025.5 重印）

（穿越百年中国梦丛书）

ISBN 978-7-5583-1004-1

Ⅰ . ①重…　Ⅱ . ①陈…②龚…　Ⅲ . ①中国在联合国席位问题—少年读物　Ⅳ . ① D822-49

中国版本图书馆 CIP 数据核字（2017）第 296905 号

版权所有　侵权必究

出 版 人：陈志强		策　　划：宁　伟	
责任编辑：宁　伟		特约编辑：耿　谦	
责任技编：王　维		责任校对：陈　雪	
排版设计：大有图文			

重返联合国　CHONGFAN LIANHEGUO

陈履生 / 主编　　龚　青 / 著

出版发行：南方传媒　SPM　新世纪出版社　（广州市大沙头四马路 10 号）

经　　销：全国新华书店

印　　刷：三河市嵩川印刷有限公司

规　　格：880mm×1230mm　1/32

印　　张：4

字　　数：57 千字

版　　次：2017 年 12 月第 1 版

印　　次：2025 年 5 月第 6 次印刷

定　　价：39.00 元

如发现印装质量问题，影响阅读，请联系调换：

北京广版新世纪文化传媒有限公司

销售热线：010-65545429

[书中图片由中国国家博物馆提供]

目 录

contents

《穿越百年中国梦》总序
II / V

前言
VI / IX

第一章
创建联合国
002 / 021

第二章
漫长的较量
022 / 047

第三章
赢在 1971 年
048 / 085

第四章
负责任大国
086 / 114

"穿越百年中国梦" 总序

2012年11月29日，党的十八大闭幕刚刚半个月，习近平总书记率新一届中央政治局常委，来到中国国家博物馆参观《复兴之路》基本陈列。

那天上午，习近平总书记一行轻车简从，9时许来到国家博物馆，进入《复兴之路》展厅参观。一件件实物，一幅幅照片，一张张图表，一段段视频，把大家带回到近代以来跌宕起伏、波澜壮阔的难忘岁月。在19世纪末列强割占领土、设立租借地、划分势力范围示意图前，在鸦片战争期间虎门抗英的大炮前，在反映辛亥革命的文物和照片前，在《共产党宣言》第一个中文全译本前，在中华人民共和国第一面五星红旗前，在党的十一届三中全会照片前，习近平总书记不时停下脚步，认真观看，详细询问相关历史背景和文物情况。

在参观过程中，习近平总书记发表了重要讲话。他说，《复兴之路》这个展览，回顾了中华民族的昨天，展示了中华民族的今天，宣示了中华民族的明天，给人以深刻教育和启

中国国家博物馆前馆长　　吕章申

示。中华民族的昨天，可以说是"雄关漫道真如铁"。近代以后，中华民族遭受的苦难之重、付出的牺牲之大，在世界历史上都是罕见的。但是，中国人民从不屈服，不断奋起抗争，终于掌握了自己的命运，开始了建设自己国家的伟大进程，充分展示了以爱国主义为核心的伟大民族精神。中华民族的今天，正可谓"人间正道是沧桑"。改革开放以来，我们总结历史经验，不断艰辛探索，终于找到了实现中华民族伟大复兴的正确道路，取得了举世瞩目的成果。这条道路就是中国特色社会主义。中华民族的明天，可以说是"长风破浪会有时"。经过鸦片战争以来170多年的持续奋斗，中华民族伟大复兴展现出光明的前景。现在，我们比历史上任何时期都更接近中华民族伟大复兴的目标，比历史上任何时期都更有信心、有能力实现这个目标。讲到这里，总书记环顾大家，深情阐述"中国梦"。他说："现在，大家都在讨论中国梦，我以为，实现中华民族伟大复兴，就是中华民族近代以来最伟大的梦想。这个梦想，凝聚了几代中国人的夙愿，体现了中华民族和中国人民的整体利益，是每一个中华儿女的共同期盼。""实现中华民族伟大复兴是一项光荣而艰巨的事业，需要一代又一代中国人共同为之努力。"总书记最后强调："我坚信，到中国共产党成立100年时全面建成小康社会的目标一定能实现，到新中国成立100年时建成富强民主文明和谐的社会主义现代化国家的目标一定能实现，中华民族伟大复兴的梦想一定能实现。"

我有幸全程陪同习近平总书记参观，为总书记一行讲解展览，并现场聆听习近平总书记关于"中国梦"的重要讲话，感受颇深，终生难忘。习近平总书记提出实现中华民族伟大复兴的"中国梦"，是时代的最强音，凝聚了全球中华儿女的心，成为激励中华儿女团结奋进、实现中华民族伟大复兴的一面精神旗帜。

《复兴之路》基本陈列回顾了1840年鸦片战争以来100多年间，陷入半殖民地半封建社会深渊的中国各阶层人民，在屈辱和苦难中奋起抗争，为实现民族复兴进行的种种探索，特别是中国共产党领导各族人民争取民族独立、人民解放、国家富强、人民幸福的光辉历程。习近平总书记参观《复兴之路》并提出实现中华民族伟大复兴的中国梦命题后，中央国家机关、部队、企事业单位、社区街道、社会团体、学校等纷纷来到中国国家博物馆，沿着习近平总书记的足迹，参观《复兴之路》展览。《复兴之路》展览成为爱国主义教育的重要课堂。

　　2014 年，习近平总书记在有关讲话和批示中指出："历史是最好的教科书"，"让文物说话、把历史智慧告诉人们，激发我们的民族自豪感和自信心，坚定全体人民振兴中华、实现中国梦的信心和决心"。中国国家博物馆和广东新世纪出版社有限公司落实习近平总书记的指示，以《复兴之路》基本陈列为基础，经过 3 年多艰苦工作，编写和出版了这套"穿越百年中国梦"丛书。组织和参与编写这套丛书的同志，大多数参加了《复兴之路》展览的内容设计和布展工作，有的还现场聆听了习近平总书记关于"中国梦"的重要讲话。他们对《复兴之路》基本陈列不但理解深刻，而且怀有深厚感情。

　　习近平总书记指出："中国梦归根到底是人民的梦"，"有梦想，有机会，有奋斗，一切美好的东西都能够创造出来"。习近平总书记希望广大青少年要勇敢肩负起时代赋予的重任，志存高远，脚踏实地，努力在实现中华民族伟大复兴的中国梦的生动实践中放飞青春梦想。

　　我相信，这套丛书的重印出版，对广大青少年牢记习近平总书记"不忘初心"的嘱托，更好地开展党史学习教育，增强实现中华民族伟大复兴中国梦的责任感，一定会起到促进作用。

前　言

中国现代史学会会长　郭德宏

中华民族是一个有着自己梦想，特别是美好社会理想的民族。

两千多年前，我们的古圣先贤，就有"小康"和"大同"的社会理想。那时的"小康"理想，就是家家丰衣足食，人人遵守礼仪，互相谦让。那时的"大同"理想，就是天下人如同一家人，家家幸福，人人愉快，"路不拾遗，夜不闭户"。由于历代封建统治者都不代表广大人民群众的利益，古圣先贤"小康"和"大同"的社会理想都没有实现。

勤劳智慧的中国人民，创造了光辉灿烂的古代文明：强盛的汉代，繁荣的唐代，辽阔的元代，清初的盛世。那时，与世界上其他大多数国家和地区相比，中国富饶、强盛、文明、进步。用现代语言表述，那时的中国是"发达国家"，其他那些国家和地区则是"发展中国家"。然而，由于帝国主义入侵和封建主义统治腐败，中国落后了。从1840年鸦片战争中国战败到19世纪末，中国逐渐沦为半殖民地半封建社会，陷入将要亡国灭种的深渊。

从1840年鸦片战争开始，当时一些思想先进的中国人就在寻求救国救民之道。林则徐、魏源开眼看世界，地主阶级的洋务运动，资产阶级维新派的戊戌变法，都试图在不根本触动封建统治的前提下富国强兵，但是都失败了。1894年孙中山创立革命团体兴中会，首次提出"振兴中华"口号。1902 年康有为完成《大同书》的写作，期望中国实现古圣先贤所憧憬的大同世界。1902 年梁启超发表《新中国未来记》，1904 年蔡元培发表《新年梦》，都憧憬中华复兴，雄立世界。近代以来，每一个中国人都满怀着复兴中国、振兴中华的梦想。但在半殖民地半封建社会的旧中国，中国人民的这一梦想不但没有实现，反而遭受着越来越严重的民族苦难。

1921 年，伟大的中国共产党成立，超越古圣先贤"小康"和"大同"的社会理想，提出了夺取反帝反封建胜利、建立人民当家做主的政权、最终实现人类最美好最理想的共产主义社会的奋斗目标。中国共产党肩负起民族独立、人民解放的历史重任，领导中国人民，经过浴血奋战，于 1949 年建立了人民当家做主的中华人民共和国。新中国成立，是中华民族由衰落走向强盛的历史转折点，开启了中华民族伟大复兴的新纪元。

中华人民共和国成立后，毛泽东、周恩来等老一辈革命家，领导全国各族人民为实现国家富强、人民共同富裕的新的历史任务而奋斗。在党的领导下，中国确立了社会主义基本制度，成功实现中国历史上最伟大最深刻的社会变革，为中华民族的伟大复兴奠定了制度基础。与此同时，中国共产党领导全国人民进行大规模经济建设和文化建设，取得了旧中国几百年几千年所没有取得的成就，为实现中华民族伟大复兴奠定了基本的物质基础。

1978 年改革开放以来，以邓小平、江泽民、胡锦涛同志为主要代表的中国共产党人，全面推进社会主义现代化建设。神州大地，生机勃发。2010 年，中国国内生产总值（GDP）达 40 万亿元，成为仅次于美国的世界第二大经济体，并一直保持至今。伴随着各方面的迅猛发展，中国迅速走向繁荣，国际地位不断提高，国际影响力日益扩大。中国步入世界强国之列，为实现中华民族伟大复兴创造了现实条件。

2012 年 11 月 29 日，习近平总书记率新一届中央政治局常委参观中国国家博物馆《复兴之路》基本陈列。习近平总书记在这里向全世界宣示"中国梦"，重申"两个一百年奋斗目标"，既是中国共产党对全国人民的郑重承诺，是党和国家面向未来的政治宣言，也是中华民族伟大复兴的总动员。中国的伟大发展，又一次站在新的历史起点上；中华民族的伟大复兴，揭开了历史新篇章。

以习近平同志为核心的党中央，"不负重托，不辱使命"，在实现中华民族伟大复兴中国梦的推动下，国民经济继续稳步发展，中国的国际地位更加提高，国际影响力更加扩大。我们现在比历史上的任何时期都更加接近中华民族伟大复兴这个目标，我们现在比历史上任何时期都有信心、有能力实现这个目标。

中国梦连接着过去与现在、历史与未来，连接着国家与个人、中国与世界。拥有五千多年文明历史的中华民族，曾经创造了辉煌的古代文明，走在世界前列，为人类社会发展做出了巨大的贡献。今天，中华民族的伟大复兴，不仅造福中国人民，而且造福世界人民。已经步入世界发展中大国的中国，理应承担起大国责任，对人类社会的发展进步，做出更大的贡献。

"穿越百年中国梦"丛书回顾了 1840 年鸦片战争以来一百多年间，陷入半殖民地半封建社会深渊的中国各阶层人民，在屈辱和苦难中奋起抗争，为实现民族复兴进行的种种探索，特别是回顾了中国共产党领导全国各族人民争取民族独立、人民解放、国家富强、人民幸福的光辉历程。这套丛书深刻揭示了历史和人民为什么和怎样选择了马克思主义，选择了中国共产党，选择了社会主义道路，选择了改革开放；深刻揭示了历史和人民为什么必须始终坚持高举中国特色社会主义伟大旗帜不动摇，坚持中国特色社会主义道路不动摇；昭示出没有共产党就没有新中国，就没有中国特色社会主义，只有社会主义才能救中国，只有改革开放才能发展中国、发展社会主义、发展马克思主义。

我相信，这套丛书的重印出版，能够使广大青少年读者更加深入地了解中华民族近代以来反对外来侵略史、人民解放的抗争史，了解中国共产党领导全国各族人民为中华民族伟大复兴而奋斗的创业史和改革开放史，为实现国家富强、民族振兴、人民幸福的中华民族伟大复兴的中国梦，夺取新时代中国特色社会主义伟大胜利，提供令人振奋的精神动力。

郭德宏

在世界反法西斯战争的烽火岁月中诞生的联合国，是当今世界最具普遍性、代表性和权威性的政府间国际组织。中国是联合国的主要创始国和安理会五个常任理事国之一，为联合国的创建做出了重要贡献。中华人民共和国成立后，经过长达 22 年的不懈斗争，终于在

重返联合国

1971 年第二十六届联合国大会上恢复了中国在联合国的一切合法权利。从此，在联合国的舞台上，中国积极维护《联合国宪章》的宗旨，日益展现出负责任大国的形象，赢得了国际社会的普遍赞誉。

第一章

创建联合国

VR融媒"四史"云课堂
"四史"学习就在我身边

1. 国联破产

国联是国际联盟的简称，它是世界上第一个以维护国际和平和促进国际合作为宗旨的普遍性的国际组织。它诞生于第一次世界大战尘埃落定之际，26 年后，又随着第二次世界大战的结束而宣告破产。

一战整整打了 4 年（1914—1918），其间，战火席卷欧洲，且波及了整个世界。战争共夺走 1 000 余万人的生命，是人类历史上的空前灾难。

为防止类似的战争灾难再度发生，早在一战期间，英、法、美等国的政治家和有识之士就开始筹划建立一个战后国际组织，希望通过国际合作解决国际争端。1918 年 1 月 8 日，美国总统威尔逊在向国会提出的关于战后和平的"十四点"和平纲领中，以官方名义正式提出建立一个战后国际联合组织的主张。9 月，威尔逊在演讲中，着重阐述了建立"国际联盟"这一组织的设想。次年 1 月至 6 月，美、英、法、意、日等 27 个一战战胜国在法国巴黎召开和平会议，建立国联的问题被正式提上了议事日程。会议成立了以威尔逊为主席的国联委员会，负责起草国联盟约。

经过几个月的激烈争吵与妥协，4 月 28 日，巴黎和会通过了《国际联盟盟约》。该盟约共 26 条，具体明确了国联的机构、职能、原则及会员国的义务，并规定瑞士日内瓦为国联总部所在地。6 月 28 日，处置战败国德国的《凡尔赛和约》签署，《国际联盟盟约》成为该和约的第一部分。1920 年 1 月 10 日，《凡尔赛和约》正式生效，同一天，国联在日内瓦宣告正式成立。

国联的诞生，一度让饱受战乱之苦的各国人民看到了消除战争、实现永久和平的希望。但后来的事实证明，

1919 年巴黎和会上的"四巨头"，就座者左起分别为意大利首相托里奥·奥兰多、英国首相劳合·乔治、法国总理乔治·克里蒙梭、美国总统伍德罗·威尔逊

国联其实是帝国主义列强争夺世界霸权的产物，再加上它存在诸多先天弱点，因此国联并不能真正维护世界和平与安全。

就国联的普遍性而言，尽管国联从最初的 40 多个创始会员国发展到了后来的 60 多个，中国也是国联的会员国之一，但国联的实权始终被英法两国操纵。美国总统威尔逊虽是国联的主要倡导者和真正创始人，但由于美国参议院拒绝接纳《凡尔赛和约》及《国际联盟盟约》，美国从一开始就没有加入国联。苏联直到 1934 年才加入国联，但 1939 年又被开除出去。可见，作为一个国际组织，国联缺乏应有的广泛性和普遍性。

在阻止战争和侵略方面，国联盟约既没有给出"战争"和"战争行为"的规范性定义，也没有对违反盟约发动战争者采取制裁的具体措施。事实证明，国联既没有阻挡住日本入侵中国，也没有制止住意大利侵占埃塞俄比亚，以及德意法西斯入侵西班牙，反而在其中扮演了许多不光彩的角色。国联标榜的"促进国际合作，维持国际和平与安全"的承诺，成了一句空话。

1939 年 9 月 1 日，德国入侵波兰，3 日，英、法对德宣战，二战全面爆发。人们对国联曾经寄予的希望与梦想彻底破灭了。整个二战期间，国联处于名存实亡的状态。1946 年 4 月 18 日，在第 21 届也是最后一次国联大会上，国联正式宣告解散。

国联从 1920 年 1 月成立到 1946 年 4 月解散，前后历时 26 年多。虽然国联解散了，失败了，但人类追求

人物故事

伍德罗·威尔逊

威尔逊是美国第28任总统，曾任普林斯顿大学校长，学术地位颇高。一战爆发后，美国在威尔逊所谓的"中立"原则旗帜下，一面与交战双方做军火生意，大发战争财，使美国从债务国一跃成为债权国；一面加紧扩军备战，使美国迅速建立起强大的海军、陆军。当欧洲战场上交战双方厮杀得精疲力竭时，美国投入战斗，并赢得了最大战争红利。一战结束后，威尔逊冒着大西洋凛冽的寒风登上美国军舰，前往法国参加巴黎和会，他由此成为第一位出国远行的美国总统。在巴黎和会上，他竭力促成《国际联盟盟约》与《凡尔赛和约》合并在一起。也就是在这次会议上，为把日本留在国联内，他加入了出卖中国的肮脏交易，同意将德国在中国山东的特权移交给日本。但最具讽刺意味的是，由威尔逊倡导成立的国联，却没有得到美国国会的批准。为争取美国舆论的支持，他辗转各地演讲，22天内演讲40次，以致在途中病倒，后引发严重的中风，导致半身不遂，于1924年病逝。威尔逊因致力国联的建立曾被授予1919年度诺贝尔和平奖。

和平与发展的理想并未破灭，国际社会还从国联的失败中得到很多启示。在原有国联的理论和实践基础上，一个新的国际组织——联合国应运而生。国联创始人之——英国塞西尔勋爵在国联解散会上不无感慨地说："国联死亡了，联合国万岁。"

国联解散后，所有档案和包括万国宫在内的全部财产，均移交给了新成立的联合国。万国宫位于日内瓦美丽的莱蒙湖畔，又名国联大厦，是国联总部所在地，现为联合国驻日内瓦办事处所在地。如今，在万国宫内还设有国联展览馆，向世人展示着那段不能忘却的历史。

2. 联合国诞生

一战曾经被西方称之为"人类最后的战争"，但不幸的是，这场战争刚刚过去 20 年，1939 年 9 月，二战的战火又熊熊燃烧起来。战争挥之不去的残酷现实与国际联盟的失败教训，促使大国政治家们开始了对战后建立一个与国联不同的新型国际组织的种种设想。

有关的构想，最早见于《大西洋宪章》。1941 年 8 月，在大西洋北部纽芬兰阿克夏海湾的一艘军舰上，美国总统罗斯福和英国首相丘吉尔进行了重要会晤，并发表了著名的《大西洋宪章》。该宪章初步构思了战后世界的基本格局，并提出希望战后世界能建立起一个"广泛而永久的普遍安全制度"。9 月 24 日，苏联政府发表声明，同意《大西洋宪章》的基本原则。《大西洋宪章》就此成为《联合国宪章》的基础。

1942 年元旦，美、英、苏、中等 26 个反法西斯国家的代表在美国白宫签署了《联合国家宣言》，中国第一次以"四强"的身份与美、英、苏三大国并列签字国之首。该宣言首次使用了由罗斯福总统提议的"联合国家"的名称。这一名称当时是指参加反法西斯同盟的国家，后来声名显赫的"联合国"的称谓即渊源于此。《联合国家宣言》的发表，标志着国际反法西斯联盟的形成，也为盟国战后合作开辟了广阔前景。

1943 年 10 月，美、英、苏、中四国在莫斯科签署了具有重要历史意义的《苏美英中四国关于普遍安全的

1942 年 1 月 1 日，美、英、苏、中等 26 国在美国白宫签署《联合国家宣言》

宣言》，一致赞同战后在一切爱好和平国家主权平等的原

则上，建立一个普遍性的国际组织。这是美、英、苏、

中四国第一次向世界宣布要建立一个新的国际组织，同

时四国还郑重承诺会为筹建这一组织承担责任与义务。

　　为了使设想尽快成为现实，1943 年 11 月，在中、

美、英三国首脑举行的开罗会议，以及美、英、苏三国

首脑举行的德黑兰会议上，四国首脑分别对战后建立国

际组织的总体构想和框架结构相互交换了意见。

　　四国首脑会议结束后，相关设想进入了具体实施阶

1945年2月，苏、美、英三国首脑在雅尔塔会议上，左起分别为丘吉尔、罗斯福、斯大林

段。1944年8月至10月，美、英、苏、中四国代表在华盛顿附近的一座古老庄园——敦巴顿橡树园举行专题会议。会议形成了《关于建立普遍性的国际组织的建议案》，确定将新的国际组织定名为"联合国"，同时就联合国的宗旨和原则、主要机构、职权范围等重大事项达成了一致，形成了联合国宪章的基本雏形。

1945年2月，美、英、苏三国首脑又齐聚苏联克里米亚半岛的雅尔塔。三国首脑就联合国创始会员国的资格、成立联合国安全理事会及安理会常任理事国否决权等重大问题最终达成协议，并决定同年 4 月在旧金山召开联合国家国际组织会议。会议建议中、法两国与美、英、苏共同作为旧金山会议的发起国。中国接受了这一建议，成为创建联合国的 4 个发起国之一。法国决定不担任发起国，但同意出席旧金山会议。3 月，美国代表 4 个发起国向有关国家发出邀请书，得到了国际社会的积极响应。

1945 年 4 月 25 日，当美、苏两国军队在欧洲的易北河畔胜利会师时，美国旧金山市的歌剧院里也适时召开了举世瞩目的盛会——联合国家国际组织会议，又称联合国制宪会议。这是现代国际关系史上的空前盛会，来自 50 个国家的 282 名代表出席了会议，各代表团的顾问、翻译、秘书、工作人员和记者多达 5 400 余人。会议历时 2 个多月，最终于 6 月 25 日通过了联合国的基本大法——《联合国宪章》。

次日，在旧金山退伍军人礼堂举行了宪章签字仪式。按照预定的签字顺序，在 4 个发起国中，中国作为最早遭受日本法西斯侵略和在世界反法西斯战争中参战时间

1945 年 6 月，中国代表团在《联合国宪章》上签字

最长的国家，第一个在宪章上签字，接下来是苏联、英国、法国，随后其他国家代表按照国名英文字母的顺序依次签字，东道国美国最后一个签字。

50 个国家的 153 名代表怀着对世界永久和平的美好愿望，逐一签署了中、英、俄、法、西 5 种文本的《联合国宪章》。由于签字人数多，整个签字仪式长达 8 个多小时。波兰虽然没有参加会议，但后来补签了宪章。这样，联合国的创始会员国一共有 51 个国家。

1945 年 10 月 24 日，《联合国宪章》生效，联合国正式宣告成立。这一天被定为"联合国日"。1946 年 1 月 10 日至 2 月 14 日，51 个联合国创始会员国的代表齐聚英国伦敦，共同出席第一届联合国大会（简称联大），这标志着联合国正式开始工作。

在第一届联大会议上，经过讨论，联合国决定接受美国的邀请，将其总部设在纽约。1949 年 10 月，联合国总部大厦在纽约曼哈顿东区东河河畔举行了奠基仪式。1952 年，大厦竣工并正式启用。从此，简洁明快、气势宏大的联合国总部大厦，成为联合国的象征。

联合国是当今世界上最具普遍性、代表性和权威性的政府间国际组织。为世界和平而诞生的联合国，体现和反映了世界各国人民祈盼和平、向往发展的共同愿望，标志着二战后全世界及全人类共同的历史性进步。

3. 中国的贡献

联合国酝酿、诞生于世界反法西斯战争的艰难岁月中，中国是联合国主要创始国之一。

1943 年 10 月，美、英、苏三国外长在莫斯科举行会议。中国虽未参会，但在美国提议并坚持下，中国与美、英、苏三国共同签署了《苏美英中四国关于普遍安全的宣言》。根据这份宣言，中国以四大国之一的身份，承担起了创建新的国际组织的责任与义务。

中国国际地位的提高和大国地位的确立，是与中国人民在世界反法西斯战争中的突出贡献紧密相连的。在太平洋战争爆发前，自 1937 年全民族抗战以来，不屈的中国人民依靠自己的力量已经与日本侵略者血战了 4 年多，粉碎了日本侵略者速亡中国的狂妄计划。1942 年，美国总统罗斯福曾对他的儿子说："假如没有中国，假如中国被打垮了，你想一想，有多少师团的日本兵可以因此被调到其他方面来作战？他们可以马上打下澳洲、打下印度，并且可以一直冲到中东。"

事实确实如此。正是中国人民的英勇抗战，为世界反法西斯战争做出了巨大贡献，令世界对中国刮目相看，中国的国际地位得以提升。

1943 年 11 月，中、美、英三国首脑在开罗会议上，就座者左起分别为蒋介石、罗斯福、丘吉尔

　　1943 年 11 月，中、美、英三国首脑在埃及首都开罗举行会议，这是二战期间，中、美、英三国首脑举行的唯一一次会晤。会议期间，罗斯福曾单独与蒋介石进行了长时间的会谈，重点讨论了建立战后国际组织的问题。罗斯福提出，中国应取得作为四强之一的国际地位，"并以平等的地位参加四强小组机构并参与制订该机构的一切决定"。蒋介石对此表示赞同。中方还将关于设立四国机构或联合国机构问题的书面意见提交给了美方。

1944 年 8 月至 10 月，以驻英大使顾维钧为首席代表的中国代表团参加了在华盛顿召开的敦巴顿橡树园会

事实真相

太平洋战争

二战爆发后，正当欧洲战场硝烟滚滚之际，1941 年，夏威夷时间 12 月 7 日清晨，日本联合舰队的数百架轰炸机呼啸而来，分两批轮番轰炸了美国在太平洋的主要海军基地珍珠港。疏于戒备的美军被打了个措手不及，18 艘战舰遭重创，188 架飞机被摧毁，另有 155 架飞机被炸坏，美军 2 400 多人阵亡，1 100 多人受伤，整个太平洋舰队损失惨重。与此同时，日军兵分数路，对美、英等国在太平洋的属地发动全面进攻。8 日，美、英对日宣战，太平洋战争由此爆发。9 日，中国正式对日宣战，同时对德、意宣战。11 日，美国与德、意相互宣战。同时，澳大利亚、新西兰、加拿大、荷兰等国也分别向日本以及德、意宣战。太平洋战争是二战的重要一部分，以太平洋和周围国家为主战场，美、英等 37 个参战国与日本展开了一场场惨烈的海空大战。太平洋战争共持续了 3 年零 8 个月。战争期间，中国军民的浴血抗战，牵制了日本陆军的主要兵力，有力地支援了美、英等国在太平洋战场的作战，在战略上有力地配合和援助了世界人民的反法西斯战争。

议。这次会议分为两个阶段，第一阶段为美、英、苏三国会议，形成了《关于建立普遍性的国际组织的建议案》，解决了建立联合国的一系列主要问题。中国代表团虽然没有参加第一阶段的会议，但在会下已经将中国的方案分别送交给了三国代表团。

第二阶段为美、英、中三国会议。中国代表坚持自己的立场，就解决国际争端应遵循的原则、尊重政治独立和领土主权等重要问题，提出了 7 条补充意见，其中 3 条被采纳。这些被称为"中国建议"的补充意见作为第一阶段会议形成的建议案的一部分，被提交到联合国制宪大会讨论，并被写进了《联合国宪章》。

1945 年 4 月至 6 月，中国派出阵容庞大的代表团，出席在旧金山召开的联合国制宪会议。中国代表团的人数与美国、法国并列，是人数最多的三大代表团之一。中国代表团中有 10 名正式代表，他们分别是：首席代表代理行政院院长宋子文、驻英大使顾维钧、国防最高委员会秘书长王宠惠、驻美大使魏道明、前驻美大使胡适、金陵女子大学校长吴贻芳、青年党代表李璜、国社党代表张君劢、中国共产党代表董必武、《大公报》总编胡霖。

　　会议期间，中国代表团就国际法院、非联合国会员国的权利、安理会非常任理事的选举等重要问题，再次提出多项新修正案，大多被会议采纳并写入了《联合国宪章》。中国为《联合国宪章》的制定做出了积极贡献。

　　会议期间，中国代表团成员密切合作，以"我是中国代表，代表中国"为统一声音，他们在会议期间的表现及其发挥的重要作用，赢得了与会各国的好评，提高

中国代表顾维钧在《联合国宪章》上签字

中国代表团中的中国共产党代表董必武在《联合国宪章》上签字

1945 年，南京国民政府特派中国共产党党员董必武为出席联合国大会代表的特派状

了中国的国际威望。

6 月 26 日，中国代表团出席了在旧金山退伍军人礼堂举行的《联合国宪章》签字仪式。按照事先商定的签字顺序，中国荣幸地成为第一个签字的国家。中国代表团对签字仪式非常重视，事先在旧金山唐人街订购了笔、墨、砚等中国传统文具。

签字前，代表团成员先按照签字顺序在桌子后面站成一个半圆形，然后每位代表依次签字完毕后返回到原位置肃立。顾维钧等 8 人用中文分别在中、英、俄、法、西五种文本的《联合国宪章》上庄重地签上了自己的名字。其中，代表团中德高望重、温文尔雅的长者董必武的签字场面，格外引人注目，他签字时的照片被收进会议特别制作的纪念册中。各国代表团回国前，都收到了相关纪念册。

中国作为联合国的主要创始国之一，为联合国的创建和《联合国宪章》的制定做出了重要贡献。《联合国宪章》明确规定，中、法、苏、英、美为联合国安理会五大常任理事国，中国的大国地位被以法律的形式确定了下来。

第二章

漫长的较量

VR融媒"四史"云课堂
"四史"学习就在我身边

1. "中国代表权"风波

1949 年，随着中国人民解放战争的胜利推进，国民党反动统治被推翻。10 月 1 日，中华人民共和国宣告成立。从此，中华人民共和国中央人民政府成为代表全中国人民的唯一合法政府。

联合国是由主权国家组成的国际组织，按照国际法惯例，中华人民共和国理所当然地应该在联合国中代表中国，享有并行使一切合法权利。但是，由于中国革命的胜利和新中国的诞生不符合美国的意图，美国出于自身利益的考虑，采取支持台湾国民党当局、拒不承认新中国的政策，致使已经败退到台湾的国民党当局长期霸占着中国在联合国的席位。新中国则因此被排斥在联合国之外长达 22 年。

　　为了争取在联合国的合法权利，新中国自诞生之日起，就开始了积极的正面斗争。中华人民共和国成立时，正值第四届联合国大会召开之际，1949 年 11 月 15 日，新中国外交部长周恩来致电联合国第一任秘书长赖伊，郑重声明中华人民共和国中央人民政府是代表中国全体人民的唯一合法政府，要求联合国根据其宪章的原则与精神，立即取消台湾国民党当局代表中国人民参加联合国的一切权利。1950 年 1 月 8 日，周恩来又致电联大主席罗慕洛和秘书长赖伊，声明台湾国民党当局团的代表留在联合国安全理事会是非法的，并主张将其从安理会开除出去。1 月 19 日，周恩来再次致电联大主席和秘书长，并请转达联合国及安理会各成员国代表团，通知中华人民共和国中央人民政府已经任命张闻天为驻联合国及出席联合国大会和安理会的首席代表，并认为中国代表团应当迅速出席会议并参加工作。然而，由于美国的阻挠，张闻天一直未能赴任。

新中国正当、合法的要求得到了苏联、印度、南斯拉夫等国家的同情和支持。1949 年 11 月，苏联代表团团长维辛斯基在联大会议上明确表示，苏联支持新中国的声明，称台湾国民党当局的代表是"冒牌代表"。1950 年 1 月，苏联代表马立克在安理会上提出了"驱除台湾国民党当局代表"的提案。由于受到以美国为首的一些国家的阻挠，这项提案被否决。为了表示对新中国的支持，马立克当场严正声明，在台湾国民党当局代表未被开除之前，苏联代表团将不参加安理会的工作，苏联也不承认安理会在台湾国民党当局的代表参与下通过的任何决议。马立克随即愤然离开了会场。随后，为了抗议台湾国民党当局的代表赖在联合国，苏联、波兰、捷克斯洛伐克等国家的代表又相继拒绝出席联合国其他机构的会议。这些行动无疑是对新中国的有力支持。

苏联等国家的强硬态度，导致联合国工作陷入了非常困难的局面。秘书长赖伊为此十分忧虑，他感到"联合国的威望从未像今天这样低落"。他认为如果中国代表

1949 年 10 月 1 日，中华人民共和国宣告成立，《中华人民共和国中央人民政府公告》郑重宣告："本政府为代表中华人民共和国全国人民的唯一合法政府。"

权问题不解决，苏联很有可能退出联合国，这样将严重破坏联合国"最根本的普遍性"，而如果没有苏联的参加，"联合国就会形同虚设"。依据苏联当时的综合实力，赖伊还唯恐苏联另外组织一个新的国际组织，从而导致联合国的分裂，增加战争的危险。

从维护联合国的整体利益出发，赖伊尝试着打破僵局。他让联合国法律部门准备了一份有关联合国代表权问题的法律方面的备忘录，其中提出一个重要观点，即应把联合国代表权问题同任何一国政府是否被承认问题区别开来。显然，这是支持恢复中华人民共和国在联合

人物故事

联合国首任秘书长赖伊

　　赖伊全名为特里格韦·哈尔夫丹·赖伊，挪威人，1919 年毕业于奥斯陆大学法学学位。1935 年他开始在挪威政府任职，先后出任司法大臣、贸易和工业大臣、供应和航运大臣、外交大臣，并于 1946 年 2 月 1 日，在第一届联合国大会上被选为联合国首任秘书长。赖伊能言善辩，擅于斡旋。在任期内，他领导兴建了作为联合国象征的联合国总部大厦，在处理巴勒斯坦问题和克什米尔冲突上也发挥了积极作用。他还出于维护联合国的普遍性和代表性的愿望，赞同恢复中华人民共和国在联合国的合法权利，但他的种种努力都因美国的阻挠而失败。1950 年朝鲜战争爆发后，他站在以美国为首的西方国家一边，支持组建所谓的"联合国军"。他的所作所为遭到了许多国家的坚决反对，苏联为此在安理会上否决他连任秘书长。后来，虽然联大会议通过表决将其任期"延长" 3 年，但由于不断受到来自美国和苏联两个阵营的抨击，得不到任何一方的支持，赖伊被迫于 1952 年 11 月辞职，黯然离开联合国。

国合法权利的积极表现。随后，赖伊又出访华盛顿、伦敦、巴黎、海牙、日内瓦和莫斯科，为中国代表权问题进行积极斡旋。访问莫斯科期间，赖伊还与中国驻苏联大使王稼祥进行了会谈。

1950 年 6 月朝鲜战争爆发后，国际局势急剧变化。美国借朝鲜战争之机，进一步非法操纵联合国。赖伊也因对中国态度发生变化而中止了斡旋。本来有可能解决的中国代表权问题，由此陷入了旷日持久的拖延状态。

2. 伍修权的怒吼

1950 年 6 月 25 日朝鲜战争爆发后，美国打着"联合国军"的旗号，武装干涉朝鲜内政，并将战火燃烧到中朝边境。与此同时，美国总统命令其海军第七舰队驶进台湾海峡，侵占中国领土台湾，阻挠中国人民解放军解放台湾。同时美国还炮制和散布"台湾地位未定"和"台湾地位须由联合国考虑"等谬论。

美国公然干涉中国内政、侵犯中国主权的行径，激起了中国人民的强烈愤慨。中国政府多次致电联合国，控诉和谴责美国侵略中国领土台湾和美国侵朝军队的飞机侵入中国领空肆意扫射、轰炸的罪行，要求联合国履行维护世界和平的职责，制裁美国的侵略行为，命令美国军队完全撤出中国台湾。在苏联代表马立克的据理力争和其他国家的支持下，9月29日，安理会通过决议，同意中国派代表出席联合国大会和安理会，参加"控诉美国武装侵略台湾案"的讨论。10月2日，联合国秘书长赖伊将这一决定通知了中国政府。

1950年11月24日，经过长达10天的空中之旅，持新生的中华人民共和国护照的9名外交人员，正气凛然地踏上了美国国土。这是新中国的外交代表的首次联合国之行。

代表团团长伍修权是一位通晓俄语，有着丰富革命经历且能文能武的将军，时任新中国外交部苏联东欧司司长。当时正值中国人民志愿军在朝鲜战场上发起第二次战役、以美国为首的"联合国军"节节败退之时，能够以新中国大使衔特派代表的身份在联合国的舞台上与美国展开针锋相对的斗争，使伍修权感到既光荣又责任重大，但他对此充满了信心。

11 月 28 日，联合国安理会开始讨论中国"控诉美国武装侵略台湾案"，伍修权代表中国政府做了长篇发言。

伍修权首先强烈抗议联合国在美国的操纵和阻挠下，至今还容留冒充代表中国人民的台湾国民党当局的代表，而将中华人民共和国的合法代表拒绝在联合国之外。接着，他列举大量历史事实和国际法文件，充分而有力地阐释台湾是中国领土不可分割的一部分，控诉了美国武装侵略中国领土台湾的罪行，批驳了美国散布的所谓"台湾地位未定"等谬论，并严正声明：美国武装侵占台湾，就是对中国公开直接的武装侵略行为。

最后，伍修权代表中国政府向安理会提出了三项建议：第一，严厉制裁美国侵略中国领土台湾和武装干涉朝鲜的罪行；第二，使美国政府自台湾完全撤出它的武装侵略力量；第三，使美国及其他外国军队一律撤出朝鲜。

伍修权慷慨激昂地讲了 2 个小时，他的发言就像怒吼的黄河，汹涌澎湃。当日，会场座无虚席，连旁听席上都坐满了人，但整个会场却鸦雀无声，各国代表都在通过同声传译全神贯注地聆听着这位来自"红色中国"的代表到底在讲什么。坐在伍修权斜对面的台湾国民党当局的代表蒋廷黻一直用手撑着自己的脑门，显得十分尴尬。当时有美国媒体报道说，蒋廷黻在座位上越来越矮，几乎看不到。会议开始时气势汹汹抢先发言的美国代表奥斯汀，也被批得狼狈不堪。事后，有人对伍修权说："你发言时的嗓门很高，劲头特足，不论是发言的内容，还是演说的声音，都把会场给震动了，就像把中国人民憋了多年的气，一下子吐出来了。"

29 日和 30 日两天，安理会继续开会讨论美国等6 个国家提出的所谓"中国侵略朝鲜案"，并对有关提案进行表决。伍修权两次发言，继续揭露美国的侵略行径，并严正声明：只准帝国主义侵略，不准人民反抗的时代已经过去了，中国人民完全有信心打退敢于侵略中国的一切帝国主义者！

1950 年 11 月 28 日，中国政府代表伍修权（代表席左一）在联合国安理会上

30 日这一天，安理会在美国操纵下，否决了中国"控诉美国武装侵略台湾案"，而美国等 6 个国家污蔑中国的"中国侵略朝鲜案"也因为苏联的否决而作废。但不甘心失败的美国又操纵联合国多数国家，于 12 月 7 日将"中国侵略朝鲜案"列入了联大会议讨论议程。随后，美国还操纵联合国大会及其政治安全委员会决定无限期休会，这实际上剥夺了新中国利用联合国讲坛继续同美国做斗争的权利。

12 月 16 日，中国代表在联合国所在地成功湖举行了记者招待会，对美国操纵下的联合国做出的决定，表

事实真相

巧驳蒋廷黻

蒋廷黻，湖南邵阳人，1912 年赴美国求学，1923 年获哥伦比亚大学历史学博士学位。1935 年，回国从教的他走上从政之路。1945 年，蒋延黻担任中国驻联合国安理会常任代表。中华人民共和国成立后，他继续担任台湾国民党当局驻联合国首席"代表"。1950 年 11 月 29 日，在安理会讨论美国等 6 个国家提出的所谓"中国侵略朝鲜案"的会议上，他极力为美国的侵略罪行辩解开脱。他口口声声"代表"中国，但从头到尾一直在讲英语，没说过一句汉语。他的话音刚一落，坐在席位上的伍修权抢先举手发言，一开口就说：我怀疑他是不是个中国人，因为伟大的四万万七千五百万中国人民的语言，他都不会讲。这个不会讲中国话的人，根本代表不了中国，没有资格在这里发言。伍修权的这段即兴插话，机智而幽默，被当时负责同声传译的一位中国女同胞准确译出并播送出去，搞得蒋廷黻既狼狈，又羞愧，也给与会者留下了深刻印象。

示坚决反对和抗议，重申了中国政府在朝鲜问题上的立场，同时郑重声明："中华人民共和国对于亚洲事务的重大发言权及她在联合国中的地位，不是任何力量所能抹杀的！"

12 月 19 日，中国代表团结束了 26 天的联合国之行，奉命回国。

中国代表团的建议与控诉虽然被美国操纵下的联合国所否定，但新中国的外交代表在联合国上首次亮相，就义正词严地痛斥了美国的侵略罪行，旗帜鲜明地维护了国家主权。中国代表团的态度与声音，轰动了美国，震动了西方，也让全国人民扬眉吐气，信心倍增。

3. "延期讨论" 策略

朝鲜战争爆发后，美国对新中国采取了全面遏制和孤立政策。在联合国中国代表权问题上，美国竭力阻挠恢复中华人民共和国在联合国的合法权利。

1950 年，第五届联合国大会召开前，新中国外交部长周恩来于 8 月 26 日致电联合国秘书长赖伊，通知联合国，中国政府已任命张闻天为出席第五届联大的首席代表，请立即办理一切手续。但在美国的游说和压力下，

1954 年，周恩来（左三）与出席日内瓦会议的中国代表团成员在驻地商谈

9 月 19 日第五届联大召开当天，就否决了印度代表提出的立即接纳中华人民共和国代表的决议草案，以及苏联代表提出的驱逐台湾国民党当局代表和邀请中华人民共和国代表出席本届联大的两项提案。12 月 14 日，第五届联大通过了"联合国对会员国代表权的承认问题"决议案。据此，从第五届联大开始，中国在联合国的代表权问题就从安理会被推到联大会议上，一直到第二十六届联大得以最终解决。

在美国操纵下，1951 年第六届联大通过决议，以"中国侵略朝鲜"为由，"延期讨论"恢复中华人民共和国合法权利的问题。此后，为了把新中国挡在联合国之外，从 1952 年第七届联大开始，一直到 1960 年第十五届联大，美国每年都提出"延期讨论"中国代表权的提案。

在此期间，虽然每年苏联和印度代表都会提出关于恢复中华人民共和国在联合国合法权利的提案，如 1955 年第十届联大，苏联代表提议"中国在联合国的代表必须是由中华人民共和国任命的代表"，指出中国政府在推动世界进步方面发挥了积极作用，继续忽视中国的合法权利，就意味着对联合国宪章和国际法原则的践踏。但每一年都因为美国提案获得多数票通过，致使恢复中华人民共和国在联合国合法权利的提案无法列入联大讨论议程。由此，中国在联合国的代表权问题被搁置下来，不得不陷入了近 10 年"延期讨论"的局面。

面对美国的种种阻挠，新中国在进行不懈斗争的同时，努力在联合国之外的国际舞台上打开外交局面。

1953 年底，中印两国政府就两国在中国西藏地区的关系问题，在北京举行谈判，中国首次提出了处理中印两国关系的和平共处五项原则。1954 年，中国与印度、缅甸共同倡导将和平共处五项原则作为处理国际关系的准则。由于和平共处五项原则适应当时世界的发展潮流，反映了世界各国人民的共同愿望，因而被越来越多的国家所接受。

1954 年 4 月至 7 月，周恩来率中国代表团出席了旨在讨论和平解决朝鲜问题和恢复印度支那和平问题的日内瓦会议。在中国代表团的推动下，日内瓦会议通过了恢复印度支那和平的《日内瓦会议最后宣言》。初登世界舞台的中国代表团，以高超的外交艺术和协商解决国际争端的真诚态度，使世界看到了同美国宣传的完全不一样的新中国形象，看到了新中国在处理国际事务中的重要作用。新中国的国际地位因此得到进一步提升。

1955 年 4 月，周恩来率中国代表团出席在印度尼西亚

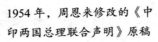

1954 年，周恩来修改的《中印两国总理联合声明》原稿

1955 年 4 月，周恩来与出席亚非会议的部分代表团成员合影

万隆召开的亚非会议，这是有史以来第一次没有西方国家参加的亚非国家和地区自主召开的一次盛会。在会上，中国代表团提出了"求同存异"的方针，为亚非会议的成功做出了巨大贡献。亚非会议使新中国赢得了朋友和尊重，打开了与亚非国家友好交往的大门。

在短短 10 年间，随着新中国国际威望不断提高和支持新中国的亚、非、拉第三世界国家加入联合国，美国提出的"延期讨论"提案虽然每年都能通过，但支持率一年比一年低。到了 1960 年第十五届联大，投赞成票的国家继续减少，最终仅以 8 票的微弱多数通过。对此，美国感到岌岌可危，国务卿腊斯克也不得不承认，屡试不爽的"延期讨论"方案马上就要失灵了。美国费尽心机坚持了 10 年的"延期讨论"策略，正面临着失败的结局。

4. "重要问题"提案

20 世纪 50 年代以来，亚洲、非洲、拉丁美洲的民族解放运动风起云涌，一大批殖民地半殖民地国家纷纷独立并加入联合国。1960 年，仅非洲就有 17 个国家独立，其中 16 个国家在当年就加入了联合国。联合国中第三世界特别是非洲国家数量的增加，使联合国内的力量对比发生了重要变化，越来越多的国家心怀正义，支持恢复中华人民共和国在联合国的合法权利。

与此同时，一直在联合国及其他国际场合追随美国的一些盟国从自身利益考虑，对新中国的立场与态度也开始有所动摇。1961 年 2 月，澳大利亚总理孟席斯在访问美国时就提醒美国，延期讨论"已经不再是有用的办法"。同月，英国外交大臣霍姆在议会下院表示，"国

1960 年，毛泽东和非洲 12 个国家和地区的外宾在一起

际社会的现实要求共产党中国在联合国中获得席位"。4
月，英国首相麦克米伦在同美国总统肯尼迪会谈时也表
示，由于英国已经承认了中国，在资格表决中必须投票
支持中国。英国是美国的重要盟友，其态度的转变可以
说是给了美国的"延期讨论"策略致命一击。当时美国
的新闻媒体也指出，如果美国在第十六届联大上继续反
对中国代表权问题的讨论，它将处于"困难的""站不住
脚的立场"。

为了避免在中国代表权问题上的失败，肯尼迪政府
决定改变策略，玩弄起新花招。美国同意将中国代表权

问题提交至联大讨论议程。1961 年 9 月 21 日，第十六届联合国大会总务委员会通过决议，同意将中国代表权问题列入联大讨论议程。这样，从 1951 年美国"延期讨论"政策出台以来，中国代表权问题第一次进入到联大讨论程序。

12 月 1 日，联大会议对中国代表权问题进行首次公开辩论。苏联提议接纳中华人民共和国、驱逐台湾国民党代表的提案被否决。美国伙同澳大利亚、日本等 5 国提出的所谓"重要问题"提案则获得通过。该提案通过歪曲《联合国宪章》的做法，提出改变中国代表权问题属于"重要问题"，需要 2/3 以上多数票通过才有效。正是凭借这一提案，美国又继续蛮横无理地将中华人民共和国阻挡在联合国外长达 10 年之久。

面对美国变本加厉的阻挠，新中国在坚持斗争的同时，埋头苦干，努力增强自身实力。新中国在一穷二白的基础上，逐步建立起独立的、比较完整的工业体系和国民经济体系，这使中国在赢得了政治上的独立之后，又赢得了经济上的独立。

1964 年 10 月 16 日，中国第一颗原子弹爆炸成功；1966 年 10 月 27 日，第一枚装有核弹头的地地导弹飞行爆炸成功；1967 年 6 月 17 日，第一颗氢弹试爆成功；1970 年 1 月，第一枚中远程导弹发射成功。中国在核武器和中远程运载火箭等尖端科技领域取得的重大成就，打破了核大国特别是美国的核垄断和核讹诈。

与此同时，中国在和平共处五项原则的基础上，积极发展与世界各国的友好关系，中国的国际地位和影响不断增强。

在多方面有利因素的共同推动下，联合国关于中国代表权问题的投票，逐年向着公平与正义的方向转变。到了 1970 年第二十五届联大，美国所谓的"重要问题"提案已是勉强通过，而支持恢复中华人民共和国合法权利并驱逐台湾国民党当局代表的赞成票则第一次超过了反对票，51 票赞成，49 票反对，25 票弃权，实现了历史性的突破。虽然这次表决结果因没有达到美国"重要问题"提案要求的 2/3 多数票而未能生效，但它预示着美国的对华政策越来越不得人心，长期被美国控制的

"投票机器"已开始失灵了，中国代表权问题在第二十六届联大上将会出现新的重大改观。

5. 去美国后院交朋友

加拿大是美国的北方邻国，两国是世界上少有的边界无设防的国家。加拿大因其历史与地理位置的特点，与美国有着千丝万缕的特殊关系，加拿大一直被认为是美国在北美的"后院"。

加拿大与中国被浩瀚的太平洋所阻隔，相距遥远。第二次世界大战期间，加拿大对中国进行了经济和军事上的援助，两国成了战时的盟国。

1949 年 10 月 1 日中华人民共和国成立后，基于"外交承认"和"意识形态"应该分开的立场，加拿大内阁于 11 月 16 日做出"原则上同意承认"新中国的决定。但之后，由于担心与美国对华政策不一致而惹怒美国，进而影响两国的利益关系，加拿大在与中国建交问题上并没有立即付诸行动，而是"追随美国""等着瞧"。这一等，就使加拿大错过了历史上承认新中国的最佳时机，使中加建交拖延了21年。

在两国没有外交关系的21年间，出于自身政治特别是经济利益的考虑，大洋彼岸的加拿大一直在关注着新中国的发展，并在20世纪50年代后期开始推行"非官方接触"，对华贸易成为加拿大实现承认新中国的最为重要的手段。

20世纪50年代以来，地广人稀的加拿大盛产的谷物出现了严重过剩现象，影响到加拿大的国民经济生活。1960年，加拿大新任农业部部长汉密尔顿一走马上任就着手解决谷物过剩问题，他将目光准确地投向了拥有广大市场的中国。当时中国正处于国民经济严重困难时期，急需进口大量粮食。1961年年初，中加做成了第一笔粮食买卖，中国向加拿大购买100万吨谷物，价值6 000万美元。随后于当年的4月，中加两国在香港签订了第一个长期谷物贸易协定，中加两国自此开始了持久的小麦贸易历史。到20世纪60年代中期，中国已成为加拿大粮食的最大买主。

中加两国的小麦贸易，不仅为当时加拿大过剩的谷物找到了一条重要的出路，为加拿大的经济注入了新的活力；更为重要的意义是，加拿大冲破了美国对华的贸易封锁禁令，使两国在长期的贸易中增进了相互了解和信任，同时开展了两国人民间的交流和往来。正如加拿大舆论界所言："粮食贸易为促进加拿大承认中国铺平了道路。"

1968年4月，加拿大自由党领袖特鲁多出任总理。特鲁多是一位有着远见卓识的政治家，主张采取独立自主的外交政策。5月，他在回答媒体记者提问时就表示，加拿大要摆脱美国的控制，在对华关系上，他要干一些"美国不同意的、同时也不喜欢的事。就算是老虎尾巴，也要扭它一下"。

次年2月初，加拿大政府指示其驻瑞典使馆同中国外交官接触，正式向中国提出举行建交谈判的建议。自1969年5月开始，中加建交谈判轮流在两国驻瑞典使馆进行。在谈判过程中，中方坚定地维护中国领土和主权的完整，反对"两个中国"，但考虑到特鲁多政府在施行

独立外交政策时所承受的来自美国的压力，同意在建交公报中坚持"一个中国"的立场上灵活接受加拿大的阐

事实真相

"加拿大方式"

1969 年 5 月至 1970 年 10 月，中国与加拿大建交谈判轮流在两国驻瑞典斯德哥尔摩使馆进行。台湾问题自始至终是双方谈判的焦点。中方立场鲜明，提出台湾问题在建交公报中应表述为，中华人民共和国政府重申：台湾是中华人民共和国领土不可分割的一部分。加拿大政府对中华人民共和国政府的上述立场表示尊重，不奉行所谓"两个中国"或"一个中国、一个台湾"的政策，因此，决定断绝同蒋介石集团的一切关系。加拿大政府虽承认中华人民共和国政府为中国的唯一合法政府，但仍坚持自己的一些主张。双方经过反复的辩理与磋商，最终在第 14 轮谈判中，双方就台湾问题的文本措辞达成共识，即"中国政府重申：台湾是中华人民共和国领土不可分割的一部分，加拿大政府注意到中国政府的这一立场"。其中，"注意到"3 个字是加方原有方案的措辞。这就是新中国外交史上有名的"加拿大方式"。中加建交，被誉为 20 世纪 70 年代的"报春花"。此后，许多西方国家纷纷仿效"加拿大方式"，在国际社会掀起了一个与中国建交的高潮。

1973 年 10 月，毛泽东会见访华的加拿大总理特鲁多

述方式，即"中国政府重申：台湾是中华人民共和国领土不可分割的一部分。加拿大政府注意到中国政府的这一立场"。这样，就解决了中加建交谈判中关键的台湾问题，这就是新中国外交史上独特的"加拿大方式"。

经过一年半的建交谈判，1970 年 10 月 10 日，中加两国的驻瑞典大使代表各自政府在建交公报上签字。10 月 13 日，双方同时在各自首都公布了建交公报。

1970 年 10 月 8 日，当毛泽东主席得知中加建交谈判达成一致意见后，笑着说："我们在美国的后院也交上朋友了。"

加拿大是北美大陆上第一个同中国建交的国家。作为美国的重要盟友，加拿大能够排除美国的阻力与中国建交，在当时的国际社会引起了巨大反响。

中加建交公报公布时，第二十五届联大正在进行中。消息一出，震动了国际社会，好几个正处于犹豫和观望状态的国家采取了同样的做法，决定与中国建交，并投票支持恢复中国在联合国的合法席位，使这一年的赞成票第一次超过了反对票2票。这对美国阻挠恢复中国在联合国合法席位的政策无疑是一次沉重的打击。

1973年金秋十月，加拿大总理特鲁多访问中国。在告别宴会上，周恩来总理对特鲁多说，加拿大与中国建交并在联合国大会上投票支持恢复中国在联合国的合法席位，影响很大。

第三章

赢在1971年

VR融媒"四史"云课堂
"四史"学习就在我身边

1. 进入"谈判时代"

自中华人民共和国成立以来，美国便从其称霸世界的全球战略利益出发，对新中国采取了政治上孤立、军事上包围、经济上封锁的敌视政策。但新中国经过20多年的发展，已经不可阻挡地发展壮大起来，巍然屹立于世界的东方。

另外，20世纪60年代以来，苏联的经济实力和军事力量不断膨胀，而美国则被旷日持久的越南战争搞得内外交困，再加上国内经济不景气，国力有所下降，美国的霸主地位受到来自苏联的挑战。而实力不断增强的苏联，也越来越乐意奉行霸权主义政策。20 世纪 60 年代以来，苏联不断向中国施加压力，并挑起边界争端，中苏矛盾加剧。

面对已经发展变化的国际局势，美国想利用中苏之间的矛盾，接近中国并借助其力量制约苏联，以形成有利于美国的以美、苏、中为支点的"战略大三角"关系。

1969 年 1 月，理查德·尼克松就任美国第 37 任总统，他主张走出"对抗时代"，进入"谈判时代"，开始调整美国的全球战略。

在对华政策方面，尼克松认为，要想摆脱越南战争的泥潭和制约苏联，都离不开与中国关系的改善。于是，他通过多种方式，不断地向中国领导人释放出打破中美关系僵局的信号。

早在 1967 年 10 月，尼克松就在《外交》季刊上撰文，透露出与中国改善关系的意图。1968 年 8 月，尼克松又在竞选总统的演说中提出，不论今后几年谁是美国总统，"都必须从这样一个假设出发：到头来必须同一个超级大国共产党中国的领导人谈判"。1969 年 1 月，尼

克松在就职演说中再次流露出改善对华关系的意向。他说:"让所有国家知道,在本政府任

1968年,尼克松在竞选中获胜

内,我们的沟通路线将是敞开的。"

毛泽东、周恩来敏锐地觉察到了美国对华政策的微妙变化。当时也正是中国调整外交政策的关键时期。1969年3月,中苏在珍宝岛发生武装冲突后,中国面临着同时面对美国和苏联两个"超级大国"的不利局面。另外,台湾问题的解决,也需要中美关系的和解。基于这些原因,中国对改善中美关系也采取了积极态度。

1969年春,毛泽东主席委托陈毅、叶剑英、徐向前、聂荣臻4位元帅研究国际问题。4位元帅在提交的书面意见中指出,在中美苏三大力量之间,"中苏矛盾大于中美矛盾，美苏矛盾大于美中矛盾"，建议中国从战略上利用美苏之间的矛盾，打开中美关系。

事实真相

中美大使级会谈

　　1955 年 8 月 1 日至 1968 年 1 月，中美大使级会谈一共举行了 134 次。除了会谈初期，双方就遣返平民问题达成协议外，在中美关系的一些实质问题上并未取得任何进展。1969 年初，尼克松入主白宫，开始调整对华政策。与此同时，中国政府也在考虑改善与美国的关系。这年岁末，美国向其驻波兰大使斯托塞尔下达了一道"死令"，指示他利用一切可以利用的场合，以最快的速度将政府要求恢复中断多时的中美大使级会谈的信息传递给中国，对中国外交官即使追到厕所也在所不惜！于是，在这年的 12 月 3 日晚，在南斯拉夫驻波兰使馆举行的时装展览会上，发生了美国驻波兰大使追逐中国使馆翻译的有趣事件。1970 年 1 月 20 日，中美双方在中国驻波兰使馆举行了第 135 次会谈。20 天后，双方又在美国使馆举行了第 136 次会谈。双方都希望举行更高级别的会谈，这就为 1971 年 7 月美国总统特使基辛格秘密访华铺平了道路。基辛格访华期间，双方确定今后的秘密联络改为巴黎渠道，中美华沙会谈不再恢复。至此，先后举行了 136 次会议、持续了 15 年的中美大使级会谈完成了其历史使命。

中美两国陆续采取了一些具体行动。1969 年 7 月后，美国政府逐步放宽了对美国人到中国大陆旅游和对中国大陆出口商品的限制。从 1969 年 11 月 7 日起，美国中止派驱逐舰到台湾海峡巡逻。中国也做出回应，于 1969 年 7 月 24 日释放了不久前因非法越境被控制的 2 名美国人。1970 年 7 月 10 日，中方又提前释放了 1958 年被判处 20 年徒刑的 1 名美国间谍。

与此同时，经美方主动提出，1970 年 1 月，中美双方在接触中断两年后恢复了中美大使级会谈。随后，两国外交人员在波兰华沙举行了两次会谈，双方都表示希望在北京或华盛顿举行更高级别的会谈。

为进一步表示对改善中美关系的诚意，1970 年 2 月，尼克松总统在美国对外政策报告中指出："中国人民是伟大的、富有生命力的人民，他们不应该被继续孤立在国际大家庭之外，从长远来说，如果没有这个拥有 7 亿多人民的国家出力，要建立稳定和持久的国际秩序是不可设想的。"同年 9 月底，尼克松总统在对美国《时代》周刊的谈话中更是公开地表达了访华愿望，他说：

1970 年 10 月 1 日，毛泽东与埃德加·斯诺及其夫人在天安门城楼上

"如果在我去世之前，我有什么事情要做的话，那就是到中国去。如果我不能去，我希望我的孩子能够去。"

就在尼克松总统接受美国《时代》周刊记者采访几天后，中华人民共和国迎来了成立 21 周年的日子。10 月 1 日，在这举国欢庆的日子里，毛泽东主席在天安门城楼上接见了应邀来访的中国人民的老朋友——美国作家埃德加·斯诺及其夫人，并一同参加了国庆典礼。随后，《人民日报》刊发了斯诺与毛泽东并排站在天安门城楼上的照片。这样做的目的，就是要向全世界特别是向美国传递出中国人民对美国人民的友好态度。

此后，为推进中美关系的改善中美两国加大力度，继续寻找更合适的通话和联系渠道。

2. "乒乓外交"

1971年阳春三月，正是樱花绽放的季节，第31届世界乒乓球锦标赛在日本名古屋如期举行。中国派出代表团赴日本参赛，这是中国乒乓球队在错过了第29、30两届世乒赛后再一次参加国际性比赛。经过数轮奋战，中国乒乓健儿最终取得了7项比赛4项冠军的好成绩，赢得了国际乒坛和日本观众的赞誉。

在世乒赛期间，美国乒乓球代表团人员打破隔阂，主动与中国代表团成员接触，并真诚地称赞中国运动员球技高超，同时多次表示，听说中国已邀请其他一些国家的乒乓球代表团访问中国，也希望能应邀到中国访问。美国代表团之所以提这样的要求，是因为在世乒赛开幕前的3月15日，美国政府刚刚取消了持美国护照到中国旅游的限制。

世乒赛期间，中美运动员之间还发生了一件意想不到的事情。4 月 4 日那天，中国运动员正准备乘坐专用大巴车前往体育馆时，美国运动员格伦·科恩由于没有找到自己球队的专用车，慌忙中登上了这辆中国运动员专用的大巴车。上车之后，科恩愣了，他赶紧扭转身体，面对车门，尴尬地站在那里。相互沉默了 10 分钟后，中国著名乒乓球运动员庄则栋友好地走上前与他交谈，还找出了一块中国的传统工艺品——杭州织锦送给他。中国运动员的善良、友好，让科恩很受感动。第二天，科恩专门来到体育馆，将一件短袖运动衫回赠给庄则栋。中美两国运动员友好接触并互赠纪念品的举动，被敏感的记者发现并做了新闻报道。一时间，此事成为媒体的头版头条新闻，并很快在世乒赛上传为佳话。

美国运动员希望来中国访问的愿望，以及中美运动员友好交往引发的轰动效应，同样被中国领导人高度关注着。毛泽东主席认为，邀请美国乒乓球队访华，现在正是千载难逢的好机会。应该让美国乒乓球队打头阵，为尼克松总统来华以及两国关系的改善创造良好气氛。

1971 年 4 月，应邀访华的美国乒乓球运动员游览长城

于是，毛泽东在 4 月 7 日做出批复，立即邀请美国乒乓球队访华。这一天已是第 31 届世乒赛的最后一天，当美国代表团得知这一来自北京的重要决定时，人人喜出望外。此时身在太平洋另一端的美国总统尼克松也十分惊喜，当即批准接受邀请。当天，美国国务院发表声明说，这是一个"良好的发展"，并表示美国"将以欢迎的态度看待中国体育队进行任何对应性的访问"。

4 月 10 日，美国乒乓球代表团抵达北京。这是 1949 年中华人民共和国成立后，第一批获准进入新中国境内的美国代表团。代表团成员参观了天安门广场、万里长城、清华大学等，观看了芭蕾舞剧《红色娘子军》，参加了中美乒乓球友谊赛。

4 月 14 日下午，周恩来总理在人民大会堂接见了美国、加拿大等 5 个国家的乒乓球代表团成员，包括随团记者。周恩来在交谈中说："我请你们回去把中国人民的问候转告给美国人民。中美两国人民过去往来是很频繁的，以后中断了一个很长的时间。你们这次应邀来访，打开了两国人民友好往来的大门。"美国乒乓球队领队则表示，希望中国乒乓球队能在最近的将来访问美国。几个小时后，尼克松总统在华盛顿发表声明，美国准备迅速发给从中华人民共和国来美国访问的个人或团体签证，放宽对华货币和航运管制等 5 项措施。

一年后的 1972 年 4 月，应美方邀请，中国乒乓球队回访了美国。尼克松总统在白宫玫瑰园接见了中国代表团成员，并意味深长地说："因你们开创的人民对人民的接触而取得大胜的是美国人民和中国人民之间的友谊。"

回望历史，1971 年春天美国乒乓球代表团成功访

1971 年 4 月，周恩来在人民大会堂接见应邀访华的美国等国家的乒乓球代表团

华，具有历史性意义。中国以邀请美国乒乓球代表团访华的方式，传递出中国希望同美国改善关系的信息。这一被誉为"乒乓外交"的睿智之举，不仅打开了已封闭22 年之久的中美交往通道，还在国际社会引发一系列连锁反应，真可谓小球（乒乓球）转动了大球（全球）。

3. 基辛格访华

1970 年秋冬至 1971 年春，为加快推进中美关系改善的步伐，中美两国高层领导通过"巴基斯坦渠道"，以特别信使携带密件并宣读密件的古老外交方式，开始了绝密来往。对于两国领导人之间的这种秘密来往，美国一位资深保密专家在后来的回忆中曾说过，其保密程度和级别，要比二战后期制造第一颗原子弹的"曼哈顿计划"还要高。

经过信使几次传递信息，中美双方达成共识，准备在北京举行高级别会谈，讨论包括台湾问题在内的存在于中美两国间的各种问题。同时，中方同意美方的建议，在美国总统访华前，由总统特使先在北京进行一次秘密的预备性会谈。

就在中美高层进行绝密联络时，1971 年年初，美国记者埃德加·斯诺发给美国《生活》杂志一篇报道《同毛泽东的一次交谈》，文中记述了 1970 年 12 月 18 日毛泽东在中南海与他的谈话。其中写道，毛泽东请他捎信给尼克松总统："如果尼克松愿意来，我愿意和他谈，谈得成也行，谈不成也行，吵架也行，不吵架也行，当作旅行者来也行，当作总统来谈也行。总而言之，都行。"这篇报道在 4 月底发表，毛泽东请斯诺带给尼克松的话，以这样的公开方式透露出来，立刻成为轰动世界的新闻，许多报纸、通讯社纷纷转发这篇报道的摘要并发表评论。斯诺在文章中传递出的信息受到了美方的高度重视，对美方尽快落实总统特使秘密访华一事产生了积极作用。

1971 年 7 月 8 日，基辛格到达巴基斯坦首都伊斯兰堡，巴基斯坦总统叶海亚到机场欢迎

又经过几个月的绝密交往，中美双方终于达成一致：美国总统特使基辛格于 7 月 9 日至 11 日秘密访华。基辛格时任美国总统国家安全事务助理，并兼任国家安全委员会主任。美方将这次秘密出使视为一次冒险行动，以"波罗行动"为代号，取 700 年前意大利人马可·波罗来中国探险之意。

7 月 8 日，基辛格到达巴基斯坦首都伊斯兰堡。按照"波罗行动"计划，他要在这里停留 48 小时。8 日

事实真相

巴基斯坦渠道

　　在中美建交的历史进程中，我们的邻国巴基斯坦曾为两国领导人传递口信，为中美高层接触开掘出一条"巴基斯坦渠道"。1971 年 7 月 9 日凌晨 4 时 20 分，在蒙蒙夜色中，基辛格一行 6 人在巴基斯坦外交秘书苏尔坦·汗的陪同下，悄悄登上一架巴基斯坦飞机。为避免被人认出，基辛格戴了一副宽边墨镜、一顶大檐黑呢帽子，穿着一身黑色西装。登机后，经巴方介绍，已等候在机舱内的中国外交部欧美司司长章文晋等 4 名外交官员与基辛格相互握手致意。原来，这架飞机是叶海亚总统的专机，7 日傍晚，该机已从巴基斯坦首都到北京南苑机场试航了一次。8 日清晨，飞机返航时，中国外交官员随机前来迎接他，随行的还有中国民航派出的 2 名领航员。飞机起飞后，基辛格幽默地讲述了他如何在晚宴上假装肚子疼，巴方车队又如何护送"他"到山区别墅休养的情景。就这样，通过"巴基斯坦渠道"，基辛格飞越世界屋脊，于 9 日中午 12 时抵达北京南苑机场，受到中共中央军委副主席叶剑英、黄华大使等中国官员的迎接。整整 48 小时后，11 日中午 12 时，基辛格一行离开北京，秘密返回巴基斯坦。

晚，在巴基斯坦总统叶海亚·汗为他举行的晚宴上，基辛格假装肚子疼，叶海亚总统则马上大声说："伊斯兰堡

1971 年 7 月，周恩来与基辛格会谈

天气太热，会影响长途跋涉的基辛格博士的康复，我请他到伊斯兰堡北部山区总统别墅去休养。"就这样，当外界都认为基辛格在总统别墅休养时，在叶海亚总统的精心安排下，9 日凌晨，基辛格由专程来接他的中国外交部官员章文晋等人陪同，乘巴基斯坦航空公司的专机直飞北京，开始了他秘密出访北京的 48 小时。

从 7 月 9 日下午到 11 日中午，在北京钓鱼台国宾馆 5 号楼和人民大会堂福建厅，周恩来总理同基辛格进行了 6 次会谈。双方主要讨论了台湾问题，周恩来强调：

美国必须承认台湾是中国领土不可分割的一部分，台湾问题是中国的内政，美国不干涉中国内政；美国必须限期从台湾撤走一切武装力量和军事设施，并废除美台《共同防御条约》。基辛格表示：美国承认台湾属于中国，不再说"台湾地位未定"，不支持台湾独立运动；美国承认中华人民共和国为中国的唯一合法政府的问题留到尼克松总统下届任期内解决。

关于恢复中国在联合国的合法席位问题，基辛格表示：美国支持恢复中华人民共和国在联合国和安理会的席位，但不同意驱逐台湾当局在联合国的代表。对此，周恩来正言厉色地指出：博士，你们要在联合国制造"两个中国"，中国政府坚决反对，一定会公开反驳。

基辛格这次秘密访问的一个重要成果，是中美双方就尼克松访华一事达成了共识，并在基辛格离开北京 4 天后，中国和美国同时发表了尼克松将应邀访华的公告。消息一出，世界轰动。这对于恢复中国在联合国的合法席位也产生了重要影响，因为美国的盟友看到美国自己都改变了对中国的政策，又有何理由不开始考虑改善同中国的关系？

当年的 10 月 20 日至 26 日，基辛格第二次访问北京。这次是公开访问，旨在为尼克松总统访华做前期准备。美国时间 25 日晚，当第二十六届联大通过恢复中华人民共和国在联合国合法席位的决议时，还在北京的基辛格刚刚结束第二次访华，正在去往机场的路上。当时，基辛格在车上还自信地对陪同的叶剑英说：在今年的联大上，美国的两个提案肯定能得到半数以上的赞成票，中国进入联合国还得等一年。形势发展之快，令基辛格也估计不足。

4. 不上"两个中国"的贼船

时间来到了 1970 年，美国的新花招——制裁中国的"重要问题"提案，在竭力支撑了近 10 年后，终于在这年的第二十五届联大上走到了尽头。从 1971 年年初开始，一直追随美国的几个国家纷纷表示，在下一届联大上将转向支持中华人民共和国进入联合国。对此，美国总统尼克松感慨地说："反对接纳北京的传统投票集团已经无可挽回地瓦解了。"

话虽如此，但美国并没有完全死心，还要做最后的挣扎。为了保住台湾国民党当局在联合国的席位，同时也为了选择一个体面的、在政治上可以接受的方式来适应新的情况，正在酝酿调整对华政策的美国，又处心积虑地炮制出"双重代表权"问题。

所谓"双重代表权"，就是既允许中华人民共和国进入联合国并拥有安理会常任理事国席位，但又要保留台湾国民党当局在联合国的会员资格。美国此举，显然是想通过"双重代表权"，达到制造"两个中国"的目的。

为使"双重代表权"提案得到更多会员国的支持，在第二十六届联大开幕前，美国官员在联合国内外动用了一切可以利用的资源来拉选票。国务卿罗杰斯不辞劳苦，给 51 个国家的外交部长写了私人信件，并坐镇纽约一个星期，进行"拉票外交"。美国驻联合国首席代表乔治·布什在一个多月内差不多与全体会员国的代表进行了接触和会谈，游说各国接受美国的建议，称得上为争取每一张选票而煞费苦心。美国还在数十个国家的首都进行全力以赴的外交活动。尼克松总统本人也亲自给许多国家的领导人打电话，写私人信件。此外，美国还用提供援助或者暗示撤销援助的方式进行公开拉拢或露骨的威胁。日本也派出要员，配合美国大肆进行拉票活动。

对于美国明目张胆地制造"两个中国"的企图，8月20日，中国外交部致信联合国，严正声明："世界上根本不存在'两个中国'，只有一个中国，就是中华人民共和国；台湾是中国领土不可分割的一部分，是中国的一个省，在二次大战后就已经归还祖国。这才是不容争议的现实。"同时表明，只要在联合国出现"两个中国""一中一台""台湾地位未定"或其他类似情况，中华人民共和国政府就坚决不同联合国发生任何关系。

9月21日，第二十六届联大开幕。从10月18日开始，联大对中国代表权问题进行了为期1个星期的辩论。就在这一期间，美国总统特使基辛格开始了他对北京的第二次访问，为尼克松总统访华做前期准备。10月20日晚，毛泽东在听取完周恩来介绍基辛格到京及第一次会谈情况后，还特别谈到了联大正在进行的中国代表权问题的辩论，毛主席明确表态："我们绝不上'两个中国'的贼船，今年不进联合国。"

10 月 24 日，基辛格与周恩来在北京举行会谈，当基辛格问周恩来对美国"双重代表权"提案有什么看法时，周恩来旗帜鲜明地说："对中国来说，台湾的地位要比联合国的资格重要得多。中国不会按'双重代表权'的方案进入联合国。中国人有的是耐心，我们还可以继续等待。"

10 月 25 日晚，第二十六届联大以压倒多数通过了恢复中华人民共和国在联合国一切合法权利的 2758 号决议。这样，美国不遗余力炮制出的"双重代表权"提案，尚未表决就成为一项废案，被自动否决。美国制造"两个中国"的图谋彻底失败。

5. 联合国第 2758 号决议

1971 年纽约时间 10 月 25 日晚，联合国总部会议大厅里气氛紧张而热烈。这里正在举行第二十六届联合国大会第 1976 次会议，会议主题是对中国在联合国代表权问题进行表决。

在此之前，联合国已经进行了一个星期共计 12 场的激烈辩论，先后有 70 多个国家的代表发言。许多代表都批评了美国长期以来的反华政策，反对在联合国制造"两个中国"。当时美联社、共同社都评论说：一周的辩论表明，支持"双阿提案"和支持美日等国提案的两个阵营，"基本上旗鼓相当"。

25 日晚，一共要进行 3 个提案的表决，分别是：阿尔巴尼亚、阿尔及利亚等 23 国关于恢复中华人民共和国在联合国一切合法权利和立即把台湾国民党当局的代表从联合国及一切机构中驱逐出去的提案，即"双阿提案"；美国、日本等 22 国关于驱逐"中华民国"代表需要 2/3 多数才能通过的"重要问题"提案，也称"逆重要问题"提案；美国、日本等 19 国关于"双重代表权"的提案。

表决开始后，美国的"逆重要问题"提案虽然获得了优先表决权，但结果却以 55 票赞成、59 票反对、15

票弃权遭到否决。当电子计票屏上显示出表决结果时，会议大厅顿时爆发出长时间的掌声和欢呼声，有些国家的代表还跳起了舞。这是 25 日夜晚在联合国会议大厅出现的第一次欢乐高潮。

"逆重要问题"提案被否决后，一直惶惶不安地坐在所谓的"中华民国"席位上的国民党"外交部长"周书楷见大势已去，当场宣布"中华民国"退出联合国，随即率手下的几个人走出会场。

"逆重要问题"提案的否决，也意味着"双阿提案"只需要简单多数就能够通过。"双阿提案"采用的是"唱名表决"方式，即投票国代表逐国唱报国名以及"赞成 / 反对 / 弃权"的态度。当该届联大主席印尼外长马利克宣布表决开始后，只见电子计票屏上表示赞成的蓝色灯光频频闪亮，最终锁定为 76 票赞成，35 票反对，17 票弃权。上述 3 项合计 128 票，当时会员国有 131 个，其中有 3 个会员国缺席投票。表决结果以压倒多数通过了"双阿提案"，这就是联合国历史上有名的第 2758 号决议。决议全文如下：

大会决议二七五八（二十六）
恢复中华人民共和国在联合国的合法权利

大会，

回顾《联合国宪章》的原则，

考虑到，恢复中华人民共和国的合法权利对于维护《联合国宪章》和联合国组织根据《宪章》所必须从事的事业都是必不可少的，

承认中华人民共和国政府的代表是中国在联合国组织的唯一合法代表，中华人民共和国是安全理事会五个常任理事国之一，

决定：恢复中华人民共和国的一切权利，承认她的政府的代表为中国在联合国组织的唯一合法代表并立即把蒋介石的代表从它在联合国组织及其所属一切机构中所非法占据的席位上驱逐出去。

一九七一年十月二十五日

第一九七六次全体会议

表决结果一宣布，会场再次沸腾起来，会议大厅成了欢乐的海洋。支持中国的代表们全部站起来鼓掌、欢

第二十六届联大第 2758 号决议通过后，会场一片欢腾

呼，"我们胜利了！""中国万岁！"的欢呼声响彻四周。不少第三世界国家的代表，特别是非洲国家的代表按捺不住喜悦的心情，离开席位，在座间的过道上手舞足蹈。坦桑尼亚常驻联合国代表萨利姆早就预料到今天的胜利，他特意事先换上了一身中山装，这时又带头与非洲黑人兄弟们尽情地唱歌、跳舞。

对于非洲国家代表在联合国会议大厅欢歌跳舞的举动，会后，白宫新闻发言人和美国媒体都进行了指责。对此，坦桑尼亚代表萨利姆严正指出：这些都是非洲国家"以本民族的恰当的方式自发地表示出他们的满意心情"，无论谁都无权加以限制，"我们都是联合国的主权国家，我们绝不会为我们的快活表示什么歉意，因为这是一个早该取得的胜利，这是联合国的胜利，也是世界人民的胜利"。

表决后，美国驻联合国首席代表布什在谈话中也不得不承认："任何人都不能回避这样一个事实——虽然这可能是令人不快的，刚刚投票的结果实际上确实代表着大多数联合国会员国的看法。"美国的新闻媒体在报道中

也称：这是美国在联合国上从未遭遇过的失败，也出现

人物故事

联合国第三任秘书长吴丹

吴丹，缅甸著名外交家、教育家。1961 年，联合国第二任秘书长哈马舍尔德因飞机失事不幸殉难后，他当选为代理秘书长，并于 1962 年正式当选为联合国第三任秘书长。1971 年是吴丹两届任期的最后一年。这年 10 月 15 日夜晚，他正在办公室批阅"双阿提案"的 23 国联名写给他的一封函件及随函附上的中国外交部 8 月 20 日驳斥美国制造"两个中国"的声明。函件要求他批准将中国的声明作为联大的正式文件印发给所有会员国，以使会员国代表了解中国政府的立场。作为来自中国友好邻邦缅甸的联合国首任亚洲秘书长，吴丹一直支持恢复中国在联合国的合法席位。慎重考虑后，他用英文写下了同意的批语，并签署了自己的名字。第 2758 号决议通过后，他致电中国外交部，邀请中国派代表团出席第二十六届联大。当还在医院治病的他接过中国代表团团长乔冠华递交的政府委任书时，兴奋地说："你们来了就好，在我担任秘书长的最后时刻，能够解决中国代表权问题，了却了这桩联合国的大事，我是真的很高兴。"

了联合国历史上少有的欢乐场面。

联大第 2758 号决议通过后，来自缅甸的联合国第三任秘书长吴丹这样评述说："我自担任秘书长以来，就致力于实现联合国的普遍性，但过去联合国像一个瘸子，现在恢复了世界人口最多的中华人民共和国的席位，联合国才能说真正开始了工作。"

恢复中华人民共和国在联合国的合法席位，开启了中国与联合国关系的新篇章，无论是对中国还是对世界来说，这都是一件划时代的历史事件。

6. 特别升旗仪式

在联合国总部所在地——美国纽约曼哈顿东区东河河畔，坐落着雄伟壮观的联合国总部大厦，它是联合国的标志性建筑。在这幢摩天大楼前的广场上，象征着国家主权和尊严的联合国会员国国旗迎风飘扬。这些五彩缤纷的国旗已成为联合国的一道美丽风景线。

1971 年纽约时间 11 月 1 日上午 8 时刚过，联合国

联合国总部大厦

总部大厦前的广场上，开始举行例行升旗仪式。与往常

一样的是，身穿蓝色制服的联合国警卫人员在国旗旗杆

处，按照英文字母的排序，将 131 个会员国的国旗依次升起。与往常不一样的是，这一天，中华人民共和国的国旗——五星红旗第一次在联合国总部大厦前升起。在如林的国旗阵容中，在阳光的映照下，五星红旗显得格外鲜艳夺目。

这是具有历史意义的时刻！经过长达 22 年的不懈努力和斗争，中华人民共和国终于恢复了在联合国的合法席位，成为联合国大家庭中的重要一员。这也是一次极其特别的升旗仪式，一位美国记者曾这样评述："这是一个绝无仅有的没有中国代表参加升中国国旗的仪式。"之所以会出现这一特殊情景，是因为在 10 月 25 日第二十六届联大通过了恢复中华人民共和国在联合国的合法席位的决议后，联合国秘书长才致电邀请中国派代表团出席正在召开的联大会议，考虑到中国代表团多日以后才能抵达纽约，联合国秘书处遂决定提前将中华人民共和国国旗升上去。这一天，虽然没有隆重的升旗仪式，也没有中华人民共和国的代表在场，但事先得到消息的数十名各国记者、众多爱国华侨以及与中国关系友好国家的外交官员，在现场共同见证了这一难忘的历史时刻。

关于在联合国总部升起的第一面五星红旗，还有两段特别值得回味的小插曲。

当时由于中美两国没有外交关系，长期处于敌对隔绝状态，在纽约这个大都会一时间竟连五星红旗的图样都找不到。后来，据说是在联合国工作人员保存的图书中找到了五星红旗的图样，秘书处工作人员在纽约的一家制旗厂临时赶制了一面尼龙质地的五星红旗。但是，旗帜上的 4 颗小星的大小比例与排列位置，都不符合标准。11 月 8 日，中国代表团先遣小组一行 6 人抵达纽约。第二天，小组成员就去了联合国总部大厦，见到了联合国礼宾司司长科尔莱先生，递交了介绍信，同时将从北京带来的中华人民共和国标准国旗交给他。联合国秘书处马上替换上了新的五星红旗。

按照联合国的相关规定，只有新加入的会员国，联合国秘书处才需要特别安排一次升旗仪式，以示庆祝。由于中国是联合国创始国，根据联大 2758 号决议，中华人民共和国是恢复了在联合国的合法席位，所以秘书

1971 年纽约时间 11 月 1 日，中华人民共和国国旗——五星红旗飘扬在联合国总部大厦前

处不再安排升旗仪式。按照联合国的规定，各国国旗的位置是依照国名第一个英文字母的顺序排列的。当时秘书处无法确定中华人民共和国国旗是按照"CHINA"的第一个字母"C"，还是按照"PEOPLE'S REPUBLIC OF CHINA"的"P"来排列。为此，秘书处还特意拍电报向中国外交部询问，经周恩来总理批准，中国外交部的答复是：中华人民共和国要按"C"字母排列，即"CHINA, PEOPLE'S REPUBLIC OF"。

从 1971 年 11 月 1 日这天起，中华人民共和国的五星红旗就高高飘扬在联合国总部大厦前的国旗阵容中。随着中国参与到联合国各机构中去工作，中国开始积极活跃在国际社会，为维护世界和平和促进人类进步事业发挥着日益重要的作用。

7. 亮相联合国

1971 年 10 月 25 日，第二十六届联合国大会通过了恢复中华人民共和国在联合国合法席位的 2758 号决议。半小时后，联合国秘书长吴丹给中国外交部长发来电报，通报了会议的表决情况，同时邀请中国派代表团出席正在举行的第二十六届联大。

中国在第二十六届联合国大会上的胜利，大大出乎美国政府的意料，也是中国领导人没有想到的。对于是否派代表团出席联大会议，毛泽东主席说："非洲票数那么多，是非洲兄弟把我们抬进去的，不去就要脱离群众了。"他指示立即组团出席联大会议，并亲自点将让乔冠华任代表团团长。乔冠华时任中国外交副部长，1950年他作为中国代表团顾问，曾陪同伍修权赴联合国，控诉美国武装侵略中国领土台湾。

毛泽东主席对中国代表团出席联大会议非常重视。

1971 年 11 月 15 日，中国代表团第一次出席第二十六届联合国大会，前排左一为乔冠华，左二为黄华

他不仅亲自授意和审改了乔冠华在联大上的第一篇主旨发言稿，还在代表团出发的前一天晚上，接见了代表团主要成员。毛主席还特别指示：明天代表团出发，在北京的政治局委员、候补委员、党政军各部门负责人，再加上几千名群众，到机场欢送，要大张旗鼓地欢送。

11 月 9 日，以乔冠华为团长、黄华为副团长的中国代表团一行 50 人启程前往纽约。这一消息成为当天全世界的重要新闻，各国媒体都在关注着中国代表团的行踪。当时美国家喻户晓的著名电视新闻主持人沃尔特·克朗凯特在得知中国代表团将在巴黎转机去纽约后，特意购买了同中国代表团同一航班的机票。克朗凯特和他的摄影团队抓住时机，在飞机上采访了乔冠华。当天晚上，他采访的镜头成了美国电视上的头条新闻。

11 月 11 日，中国代表团抵达纽约肯尼迪国际机场，受到了"双阿提案"的 23 个提案国与其他一些国家常驻联合国代表、联合国礼宾司司长、纽约市政府官员，以及数百名美国友好人士和华侨的热烈欢迎。

11 月 15 日，第二十六届联大举行全体会议。这一天，当中国代表团步入会场时，整个会议大厅爆发出经久不息的掌声。乔冠华刚一落座，就有记者抢先提问："作为中国代表团团长第一次就座大厅里的中国席位，团长先生，您有何感想？"乔冠华听后并没有马上回答，而是情不自禁地仰头开怀大笑。这一爽朗大笑被一位记者抓拍下来，照片第二天就登上了《纽约时报》的头条。"乔的笑"成为中国代表团第一次正式亮相联合国的标志性画面，也成了中国外交自信的符号。这张照片后来还获得了世界新闻摄影大奖。

15 日这天的大会，原定议题是"世界裁军问题"，但由于中国代表团的到来，会议竟变成了迎接中国代表团的欢迎大会。大会主席印尼人马利克首先致欢迎词，随后共有 57 个国家的代表发表了热情洋溢的讲话，表达了对中国人民的信任、鼓励和情谊。空前热烈的现场气氛，使原本并不准备发言的东道国美国代表布什也走上讲坛，发表了简短讲话，称中华人民共和国参加联合国的历史时刻来到了！欢迎仪式持续了 6 个小时，这是联合国历史上罕见的场面。

傍晚时分，在一片掌声和欢呼声中，身着黑灰色中山装的乔冠华带着自信和微笑走上联大讲坛，用中文发表了演讲。他首先表达了对长期以来为恢复中华人民共和国在联合国合法权利而不懈努力的国家的感谢之情，随后全面阐述了中国政府在台湾问题和一系列国际关系问题上的原则立场，表示中国希望《联合国宪章》的精神能够得到真正的贯彻，中国将和一切爱好和平、主持正义的国家和人民站在一起，为维护各国的民族独立和国家主权，为维护世界和平、促进人类进步事业而共同努力。

乔冠华代表中华人民共和国在第二十六届联合国大会上发表讲话

　　关于中国处理国际关系问题的原则立场，乔冠华旗帜鲜明地强调：国家不论大小，应该一律平等，和平共处五项原则应该成为国与国之间的关系准则。我们反对大国优越于小国、小国依附于大国的帝国主义和殖民主义的理论；我们反对大国欺侮小国、强国欺侮弱国的强权政治和霸权主义；我们主张任何国家的事，要由这个国家的人民自己来管，全世界的事要由世界各国来管，联合国的事要由参加联合国的所有国家共同来管，不容

许超级大国操纵和垄断。同时他还特别强调：中国现在

不做，将来也永远不做侵略、颠覆、控制、干涉或欺辱

事实真相

"中国人来了"

1971 年 11 月 11 日，中国代表团抵达纽约肯尼迪国际机场，等候在那里的 400 多名各国记者蜂拥而上，抢拍欢迎场面。在寒风中等待多时的数百名爱国华侨、华人，高举"欢迎中国代表团""欢迎祖国亲人"的横幅和旗帜，兴奋地喊着欢迎口号。代表团团长乔冠华在机场发表了简短讲话，在讲话的最后一段还特别说道："美国人民是伟大的人民，中美两国人民有着深厚的友谊。我们愿借此机会，向纽约市各界人民和美国人民表示良好的祝愿。"这番话在现场激发了强烈反响。中华人民共和国成立后，中美两国隔绝了 22 年，中国代表团的到来自然成为备受瞩目的头号新闻。当天，"中国人来了"等醒目标题登上了各家媒体的头条。各大电视台在晚间的黄金时间都播报了中国代表团抵达纽约的消息。电视台的主持人说，从今天起，纽约来了红色中国的客人，这是美国几十年来所没有过的。电视台还播放了对美国人的采访，著名电影演员格里高利·派克幽默地说："与红色中国的客人来到纽约相比，今晚放映的所有好莱坞影片都要黯然失色了。"

别人的超级大国。

乔冠华 40 多分钟的激情发言，感情真挚，态度鲜明，声音铿锵有力，会场上多次爆发出热烈而持久的掌声。发言结束后，在联合国会议大厅的走廊，出现了几十个国家的代表排着长队等着与乔团长握手祝贺的盛况。

由于乔冠华的讲话是中华人民共和国代表第一次以联合国会员国和安理会常任理事国的身份在联合国阐述中国的主张，引起了国际社会的强烈反响。美国三大电视网在报道中评述：中国代表团一进入联合国，首次发言就犹如爆炸了一颗重磅炸弹。埃及《金字塔》报评论说：新中国在联合国"亮相"的讲话，使第三世界的中小国家感到扬眉吐气，联合国有希望了，超级大国不能再为所欲为了。

11 月 23 日，中国常驻联合国安理会代表黄华第一次出席安理会会议。会场出现了同样热烈的欢迎场面，安理会成员国的代表纷纷致欢迎词，热切希望中国在维护世界和平与安全领域发挥更加重要的作用。

第四章

负责任大国

1. 推动全面裁军

　　20 世纪，人类惨遭两次世界大战的浩劫。在战火中诞生的联合国，从成立之时就认识到军备竞赛是爆发战争的重要前提，因此《联合国宪章》明确指出："尽量减少世界人力及经济资源之消耗于军备"，并将军备控制和裁军的责任赋予了联合国安理会和联合国大会。1946 年1 月，第一届联合国大会通过的第一项决议就是有关裁军问题的决议。

　　所谓军备控制和裁军，前者是指国际社会对各国军事装备的发展、试验和使用的限制，后者是指裁减武装人员和军事装备的行为。联合国成立 70 多年来，在军控和裁军方面，经过与相关国家的协同努力取得了一些积极成果。如针对裁军问题，召开了几次特别联大，还宣布过 3 个"裁军 10 年"，达成了一系列控制和销毁军备的公约和协议。

中华民族是热爱和平的民族，中国也需要在和平的国际环境中进行国家建设。中国奉行独立自主的和平外交政策，把反对霸权主义、维护世界和平作为对外基本政策。中国一贯主张通过军控和裁军减少和消除战争危险。中国在恢复联合国合法席位后，始终在根据国际安全形势的变化积极参与并推动全面裁军。

1978 年以来，中国参加了历届有关裁军问题的特别联大，以及联合国裁军审议委员会、日内瓦裁军谈判等，并派出专职裁军事务大使常驻日内瓦；1986 年至 1990 年，中国连续 5 年在联大提出核裁军和常规裁军两项决议案，均获得通过；1989 年 5 月，中国在联合国裁军审议委员会议上，首次阐述了中国对武器转让问题的基本立场。中国提出的许多全面、公正、合理的裁军建议，有力地推进了国际社会的裁军进程。

在核裁军方面，中国作为拥有核武器的国家，从来不回避在核裁军方面应尽的责任和义务。早在 1964 年 10 月 16 日中国第一颗原子弹爆炸成功的当天，中国政府就郑重声明："在任何时候、任何情况下，中国都不会首先使用核武器。"中国在核国家中是第一个宣布不首先使用核武器的国家。

以后，中国在核裁军方面又多次提出：有核国家特别是拥有大量核武器的苏联和美国应承诺不首先使用核武器，并无条件地承担不向无核国家使用或威胁使用核武器的义务。中国坚决反对核扩散，主张全面禁止和彻底销毁核武器。

20 世纪 90 年代以来，中国参加了防扩散领域所有的国际条约和相关国际组织。其中，1991 年 8 月，中国正式宣布加入《不扩散核武器条约》，并于 1995 年 4 月在联合国总部召开的条约延期和审议大会上，赞成无限期延长该条约。中国积极参与谈判并切实履行《全面禁止核试验条约》，并宣布从 1996 年 7 月起暂停核试验。

1996 年 9 月，中国等 16 个国家在联合国总部首批
签署《全面禁止核试验条约》

此外，中国积极推动朝鲜核问题和伊朗核问题通过和平
谈判方式妥善解决。

与此同时，在区域裁军和建立信任措施合作方面，
中国政府与有关邻国达成了一系列协定和共识，为维护
地区安全与稳定发挥了重要作用。

中国不仅积极倡导全面裁军，还在维护国家安全利
益的前提下，采取了许多实际行动。1985 年，中国政府
郑重做出在两年内裁减军队总额 100 万人的决定。百万
官兵脱掉军装，转入地方，参加到国家建设中。与此同

1985 年 6 月，中央军委主席邓小平在中央军委扩大会议上宣布，中国人民解放军在 3 年内裁减员额 100 万

时，中国政府将大量的军工企业和军用机场、码头、营房等设施也转为民用。

百万大裁军的壮举，范围广、幅度大，创造了世界裁军史上的奇迹，赢得了国际社会的赞誉和尊敬。当时西方媒体评论说：现在世界上都在谈裁军，可是迄今为止只有中国人言行一致。此后，1997 年、2003 年和 2015 年，中国政府又分别做出裁军 50 万、20 万和 30 万的决定。

中国恢复联合国合法席位 40 多年来，面对风云变幻的国际局势和错综复杂的安全挑战，基于和平与发展的真诚愿望，始终在以实际行动积极推进国际社会全面裁军的进程。中国态度和中国行动，表明一个和平崛起的中国、一个负责任的中国，已成为维护世界和平和促进人类共同发展的重要力量。

2. 中国"蓝盔"部队

联合国成立 70 多年来，虽然没有再爆发新的世界大战，但局部战争和武装冲突从未停止。为维护国际和平与安全，联合国在冲突地区采取了"维持和平行动"（简称维和行动）。这是二战结束后联合国根据国际安全形势的需要而采取的一大创新行动，填补了《联合国宪章》关于调解和强制条款之间的一个空白。联合国自 1948 年向中东地区派出第一个维持和平特派团监督组织后，维和行动就成了备受世界瞩目的重要事件。维和行动已成为缓和地区冲突、和平解决争端的重要和有效手段，是联合国集体安全机制下的一个重要的国际安全合作机制。

为了区别于其他常规部队，联合国规定，执行维和任务的官兵要身穿本国军队的制服，佩戴本国的军衔标志，左臂佩戴有本国国旗的臂章，右臂佩戴有联合国旗帜的臂章，统一戴蓝色贝雷帽或蓝色头盔，头盔上印有联合国标志和英文缩写"UN"。由此，联合国维和部队也被习惯性地称为"蓝盔"部队。

中国对联合国维和行动的认知和参与，经历了一个较为复杂的演变过程。1981 年 11 月，中国常驻联合国代表凌青在联合国有关会议上发言表示："出于对联合国组织、对世界和平和人类进步事业的责任感，中国政府准备对今后联合国维持和平行动采取区别对待的灵活立场。中国将从 1982 年 1 月 1 日起开始交纳现存的两支中东联合国部队的摊款。"

1988 年 9 月，中国正式申请加入联合国维和行动特别委员会。此后，中国始终高度重视并积极支持由联合国主导和实施的符合《联合国宪章》精神的维和行动。

　　1990 年 4 月，中国向联合国历史最悠久的中东停战监督组织派遣了 5 名军事观察员，这是中国首次派军事人员参与联合国维和行动。

　　1992 年 4 月至 1993 年 9 月，应联合国秘书长加利的请求，中国向联合国柬埔寨临时权力机构（简称联柬机构），先后派遣了两批共 800 人的工程兵大队及数十名军事观察员。这支精锐的工程兵大队是中国派出国门的第一支成建制的"蓝盔"部队。

1992 年 4 月，中国派往柬埔寨的军事工程大队先遣队从北京启航飞往金边

柬埔寨位于东南亚中南半岛南部，自 20 世纪 70 年代以来，柬埔寨经历了长达 20 多年的战乱。1992 年战火平息后，曾经有过美好发展前景的柬埔寨已是满目疮痍，百废待兴。中国赴柬维和官兵的主要任务是抢修道路、桥梁和机场。

首批工程兵刚一抵达柬埔寨磅逊港，就接到以最快速度抢修 4 号公路的艰巨任务。这条公路是柬埔寨国内的一条交通大动脉，是从磅逊港通往金边的必经之路，可是战争已使这条公路千疮百孔，特别是公路上的 6 座桥梁全部被炸毁。

2002 年，头戴"蓝盔"的中国维和警察在海外执行任务

中国维和官兵们不顾数日颠簸和 40 多摄氏度的高温，第二天就操作着从国内带来的各种施工机械，投入了抢修。仅半个月，他们就使公路全线贯通。当时驻柬维和部队司令员桑德森兴奋地说："中国以一流的军队，修出一流的公路。真是不鸣则已，一鸣惊人啊！"

中国维和官兵们不仅要吃苦流汗，还要冒着生命危险。当时柬埔寨国内交战各方虽已按《巴黎和平协定》停火，但还时有零星冲突。1993 年 5 月的一天夜晚，中国维和官兵大本营曾遭到一伙不明身份武装分子的多枚火箭弹袭击，2 名中国维和士兵当场牺牲。

面对各种困难和危险，官兵们不畏艰险，艰苦奋战，不辱使命，在饱受战乱摧残的土地上，修复道路 500 多千米，修复、架设桥梁 36 座，修复了 2 个机场，修建了数千平方米的营房设施，创造了"工程质量一流，速度一流"的佳绩。柬埔寨国家元首西哈努克亲王在给中国维和部队的题词中写道："对伟大英勇的中国工兵部队在联柬机构（联合国托管柬埔寨）领导的柬埔寨和平与重建行动中做出的贡献，表示崇高的敬意。"

中国参加联合国在柬埔寨的维和行动，为后来参与更多的维和任务积累了宝贵经验。此后，中国又先后向东帝汶、塞拉利昂、波黑、刚果（金）、利比里亚、科索

事实真相

维和东帝汶

2000年1月，首批15名中国民事警察进驻联合国东帝汶任务区。2012年底，随着最后一批队员返回祖国，中国在13年里先后向东帝汶派遣了17支警队共300多名维和警察。东帝汶是一个三面临海的南太平洋岛国，这里终年高温多雨、蚊虫肆虐，疟疾、登革热等疾病十分流行。饱受战乱、百废待兴的东帝汶，医疗设施简陋，生活物资匮乏，还经常发生暴乱案件和大规模骚乱，甚至还有绑架和袭击联合国工作人员的事件发生。在恶劣环境和生死考验面前，中国维和警察以"使命重于生命"的担当，圆满完成了执勤巡逻、要员警卫、集会安保、平暴治乱、培训当地警察等各项工作。一名维和警察，就是一张"活名片"，中国维和警察以自己的言行向东帝汶人民和世界展现了中国警察的优良素质，传递了中国人民珍爱和平、播撒友谊的美好愿望。联合国多次授予中国维和警察"和平勋章"，这是对中国维和警察为人类和平事业做出重要贡献的最高褒奖。

联合国颁发给中国第五支赴海地维和警察防暴队
队员的"和平勋章"

沃、海地、南苏丹、黎巴嫩、马里等国派
遣了维和人员。

中国参与联合国维和行动近 30 年，
兵力规模从最初的 5 个人，发展到成建制
的 2 000 多人；派出兵力涵盖军事观察员、工
兵、运输、医疗、警卫和步兵多种类型。截至 2017 年，
中国先后参与联合国维和行动 25 项，派遣维和人员 3 万
多人。其间，先后有 21 名维和官兵牺牲在了异国他乡，
其中 8 人是在海地地震中牺牲的。

目前，中国是联合国安理会常任理事国中派出维和
兵力最多的国家，中国承担的维和摊款比额在联合国成
员国中位居第二，在发展中国家位列第一。中国积极参
与维和行动，切实维护了世界和平，同时也展现了国家
形象。

远赴世界各地参与维和任务的中国"蓝盔"官兵，
以过硬的素质、良好的形象和友善的举止，忠实履行维

事实真相

护航亚丁湾

亚丁湾是连接印度洋与红海的重要航道之一，这里是亚非之间的一条"黄金水道"，每年经过的各国商船数以万计，同时它也是世界上海盗活动猖獗的地域。联合国安理会多次通过决议，授权各国采取行动打击海盗。2008年12月26日，由中国海军2艘导弹驱逐舰和1艘综合补给舰组成的第一批舰艇编队（共有880余名官兵），从三亚军港启航，远赴亚丁湾、索马里海域执行护航任务。这是中国首次使用军事力量赴海外维护国家战略利益和在远海保护重要运输线安全的非战争军事行动。截至2017年底，中国海军已连续派出近30批护航编队，圆满完成近万艘中外船舶的护航任务。护航亚丁湾，有力震慑了海盗活动，为维护国际航运安全和世界和平做出了重要贡献。中国官兵以实际行动，展现了文明之师、正义之师的形象，彰显了负责任大国的担当，赢得了国际社会的普遍赞誉。同时，也展示了中国海军跨海越洋完成护航、救援、撤侨等多样化军事任务的信心和能力。

和使命，展现了中国军人的风采，诠释了"世界和平卫士"的内涵，赢得了联合国、驻在国政府和人民的盛赞。联合国前秘书长安南曾称赞："中国参与联合国维和行动，体现了中国热爱和平、积极参与联合国事务的负责任的大国形象。"

3. 中美否决权之战

联合国秘书长是联合国的首席行政长官，被视为联合国的象征，也被看作是"世界总管"。秘书长必须由联合国安理会推荐，经联合国大会多数票通过才能当选。在推荐过程中，只有安理会5个常任理事国都表示"同意或不反对"才能获得提名。1981年在联合国秘书长换届人选推荐环节上，出现了联合国历史上有名的"中美否决权之战"。

联合国秘书长任期5年，可以连选连任。到1981年时，已经连任了两届秘书长的瓦尔德海姆，再次宣布竞选连任秘书长一职。当时与他角逐的还有"非洲统一组织"提名的坦桑尼亚外长萨利姆。中国坚决支持萨利姆，而美国则支持瓦尔德海姆。两国互不相让，针锋相对。

中国支持萨利姆，是因为萨利姆是非洲政界的重要

1971 年 10 月 25 日，第二十六届联大通过恢复中华人民共和国在联合国合法席位的决议后，坦桑尼亚代表萨利姆（中间高举双手者）鼓掌欢呼

人物，在联合国众多会员国中享有很高威信。1972 年，年仅 30 岁的萨利姆就以高票当选联合国非殖民化特别委员会主席，蝉联 8 年；1979 年，当选第三十四届联大主席；1980 年，担任坦桑尼亚外交部长。萨利姆也是中国人民的老朋友。1969 年萨利姆曾出任坦桑尼亚驻华大使，虽然任期不到 1 年，但他与中国领导人和中国人民结下了深厚友谊。1970 年，萨利姆出任坦桑尼亚常驻联合国代表。在 1971 年的第二十六届联大上，在恢复中华人民共和国在联合国合法席位的辩论和斗争中，萨利姆

的组织才能得到了充分展示，他也因此被西方媒体称为该届联大上"亲北京集团的核心人物"。

中国支持萨利姆也是基于公正、合理的立场。按照联合国的惯例，秘书长不能由安理会常任理事国中任何一国的国民出任，秘书长人选要在联大按地域划分的成员国中轮流产生。联合国自1945年成立至1981年，先后产生了4任秘书长，分别是挪威的赖伊、瑞典的哈马舍尔德、缅甸的吴丹、奥地利的瓦尔德海姆，其中有3人来自欧洲，1人来自亚洲。按照地域轮流的惯例和原则，第五任秘书长理应由非洲或拉丁美洲国家的人选担任。况且进入20世纪80年代后，联合国会员国中3/4都是亚、非、拉国家。中国坚决主张新任秘书长要能够反映联合国中大多数会员国的特点和愿望。

美国之所以支持瓦尔德海姆，是因为美国不喜欢萨利姆这个活跃在联合国的非洲黑人。更为深层的原因是，萨利姆的名字是与美国在1971年第二十六届联大上"遭受的不体面的重创"联系在一起的。美国认为萨利姆担任秘书长将严重妨碍其对联合国的控制。

事实真相

萨利姆跳起胜利舞

1971 年，在第二十六届联大上，中国代表权问题进入到最后的博弈。联大开幕前后，不甘心失败的美国竭尽全力大搞"拉票外交"。与此同时，被西方媒体称为"北京的好朋友"或"亲北京集团"的一些国家代表，也比往年更频繁地碰头磋商，并采取了更加机智的应对策略。坦桑尼亚常驻联合国代表萨利姆就是其中的一位活跃人物。他当时虽然只有 29 岁，但思维敏捷，能言善辩，组织能力很强。在他的积极努力下，一些持观望态度的国家在最后时刻都投了中国的赞成票。10 月 25 日，联合国第 2758 号决议通过后，《纽约时报》对当时的现场情况做了这样的报道："坦桑尼亚人，北京的场内监督之一，从座位上跳起来，来到前排，跳了一会儿胜利舞。阿尔及利亚人，他们是共同提案发起人之一，相互拥抱。阿尔巴尼亚人严肃地握手。其他人都站起来，鼓掌，欢呼。有节奏的鼓掌声震动四壁。"

1981 年，联合国安理会对第五任秘书长提名一共进行了 16 轮投票，最后一次投票在一天内就进行了 8 轮。中国和美国均连续 16 次投出反对票，一票否决到底。双方僵持不下，秘书长人选陷入难产。后经多方协商，采取了另选候选人的方案，瓦尔德海姆和萨利姆先后退出竞选。最终，新的候选人秘鲁常驻联合国代表德奎利亚尔通过了安理会推荐，经联大表决通过，出任联合国第五任秘书长。德奎利亚尔成为来自拉丁美洲的第一位联合国秘书长，也是继缅甸的吴丹之后第二个来自第三世界国家的秘书长。此后，联合国秘书长就在世界五大洲轮换，任期不超过两届。

萨利姆退出竞选后，先后担任坦桑尼亚外交部长、政府副总理兼国防部长，1984 年出任坦桑尼亚总理。1989 年 7 月，开始长期担任"非洲统一组织"秘书长。

安理会是联合国机构中最重要和最具实权的机构，有 5 个常任理事国和 10 个理事国。《联合国宪章》赋予 5 个常任理事国"否决权"的特权。也就是说，安理会在关于实质性决议表决时，不仅需要 15 个理事国中有 9 票赞成，还需要 9 票中必须包括 5 个常任理事国的赞成，只要任何一个常任理事国投反对票，都可以否决某一决议的通过，这就是联合国的"大国一致原则"。

1981 年中国在联合国秘书长提名问题上投反对票，

虽然并非中国在联合国安理会正式行使否决权，但连续
16 次投反对票，鲜明地亮出了中国态度，令世界震惊。
这是中国积极参与联合国事务，在国际事务中主持公道
的典范之举。

4. "相聚在北京"

1995 年是联合国成立 50 周年，也是联合国倡导的
"国际妇女年" 20 周年。当年金秋 9 月，北京城区和郊
县怀柔到处呈现出喜庆欢乐的景象，北京迎来了联合国
第四次世界妇女大会及大会的辅助性会议"非政府组织
妇女论坛"。来自世界五大洲 200 多个国家、地区及联合
国机构、政府间国际组织和非政府组织的代表 4 万多人
相聚北京，共商大计。

在此之前，在联合国妇女地位委员会的积极推动下，
从 1975 年至 1985 年，联合国先后在墨西哥城、哥本哈
根和内罗毕召开了 3 次世界妇女大会。其中第三次大会
通过的《到 2000 年提高妇女地位内罗毕前瞻性战略》

1995 年 9 月，出席联合国第四次世界妇女大会的代表前往人民大会堂参加中国政府举行的欢迎仪式

（简称《内罗毕战略》），对于促进妇女解放和提高妇女地位产生了重要推动作用。在北京召开的第四次世界妇女大会的主要任务，就是审核和评估《内罗毕战略》的执行情况，敦促各国政府和国际社会做出新的承诺。

第四次世界妇女大会是当时联合国历史上空前规模的国际会议，也是当时中国承办的规模最大的一次国际会议。为了办好这次妇女大会和妇女论坛，中国政府和人民特别是妇女界倾注了极大的热情，做了大量周密的筹备工作。

8 月 30 日下午，"非政府组织妇女论坛"开幕式在国家奥林匹克运动中心体育场举行。一场充满中国传统民族风情的大型文艺演出，使现场观众领略了中华传统文化的神韵，各国观众纷纷称赞"这样神奇、精彩的表演只有在中国才能看到"。

8月31日至9月8日，"非政府组织妇女论坛"在北京郊县怀柔举行，主题为"用妇女的眼光看世界"。"妇女论坛"除了组织涵盖经济、环境、和平、政治、教育等10多个主题的3 900场研讨会外，还举办了包括展览、演出在内的5 000多项相关活动。全球3 000多个非政府组织的3万多名妇女代表，带着自己的愿望和主张在这里真诚对话，友好交流。

9月4日上午，中国政府在人民大会堂举行了盛大的第四次世界妇女大会欢迎仪式。"相聚在北京"大型文艺演出赢得了全场观众的盛赞，称"这样的欢迎仪式在联合国历史上是没有过的"。对于"妇女论坛"开幕式和"妇女大会"欢迎仪式，各国代表一致赞誉它是"外国与会者了解中国的第一课"。

9月4日至15日，第四次世界妇女大会在北京召开。大会的主题是以行动谋求平等、发展与和平，次主

历史掌故

第一次世界妇女大会

　　1975 年被联合国定为"国际妇女年"。同年 6 月，墨西哥首都墨西哥城迎来了联合国主持召开的世界妇女盛会——国际妇女年世界大会，即第一次世界妇女大会，包括中国在内的 133 个国家和地区的代表团及联合国有关机构的代表相聚一堂。"妇女能顶半边天"，这是毛泽东主席对妇女权利与地位的生动表述。妇女与男子共同创造了人类社会的物质财富和精神文明。然而，在人类社会的发展进程中，妇女长期处于同男子不平等的地位，世界上还有很多妇女受到贫困、饥饿、疾病和战乱的威胁。联合国成立以来，在促进男女平等、维护妇女权益方面进行了不懈努力。第一次世界妇女大会通过了《墨西哥宣言》和《世界行动计划》。会议第一次明确了"男女平等"的定义，即"男女平等是指男女的人的尊严和价值的平等以及男女权利、机会和责任的平等"。同时，会议还规划了未来 10 年世界妇女发展蓝图。同年 12 月，联大宣布 1976—1985 年为"联合国妇女十年"。从此，以实际行动谋求"平等、发展与和平"，成为世界妇女的共同心声，也是国际社会和各国政府的共同责任。

题是健康、教育和就业。大会上，不同肤色、不同语言的 400 多名政府和国际组织的妇女代表先后走上讲坛，各抒己见。消除贫困、文盲和疾病，制止暴力，保护妇女权益等问题，是各国妇女代表关注的焦点。平等、发展、和平与友谊则是世界妇女的共同心声。大会制定并通过了《北京宣言》和《行动纲领》，为在 20 世纪最后 5 年内实现《内罗毕战略》的各项目标，提出了简明的行动指导方针，同时敦促国际社会和各国政府就各国特别是占世界妇女人口绝大多数的广大发展中国家妇女最普遍、最关切的问题，制定并实施更加切实有效的举措。

第四次世界妇女大会是联合国历史上参会人数最多的一次国际盛会。时任联合国秘书长的加利曾感慨地说："在以往的历史上，从未有过如此众多的非政府组织代表参加联合国的某次大会，你们把世界邀请到了你们的首都，世界感谢你们。"第四次世界妇女大会也是全球妇女的空前盛会，是世界妇女发展史上的又一重要里程碑。正如大会秘书长蒙盖拉夫人所说，大会将产生"独特而巨大的影响"，"在这次大会上，世界妇女将走出迈向 21 世纪的第一步"。

作为东道国，中国给了世界一个惊喜，与会者也对中国卓有成效的工作交口称赞。中国成功举办第四次世界妇女大会及"非政府组织妇女论坛"，这是中国对联合国及世界妇女事业的贡献，也是中国在国际事务中发挥越来越重要作用的有力体现。对于中国的筹办工作，加利秘书长说："中国政府的巨大努力，再次表明了中国对联合国各方面工作的强有力支持。"时任联合国副秘书长的基塔尼也表示："这次会议奠定了中国与联合国关系的新时代。"同时，这次世界妇女盛会也提供了让世界了解中国、让中国了解世界的难得机会。

5. 中国的答卷

2000 年 9 月，在 21 世纪和新的千年开始之际，189 个国家的代表，其中包括 150 多个国家的元首或政府首脑，相聚纽约联合国总部，出席联合国千年首脑会议。这是自联合国成立以来规模最大的一次重要会议。

大会通过联合国《千年宣言》，宣告了联合国对和

丰收的麦浪

平与发展等一系列关乎人类发展前途的重大问题的决定，承诺在 2015 年前将全球贫困人口比例降低一半。随后，各国领导人经过磋商，制订了一套有时限、有目标的行动计划，包括 8 项总目标、18 项分目标和 48 项量化目标。其中 8 项总目标是：消除极端贫困和饥饿，实现普及初等教育，促进两性平等并赋予妇女权利，降低儿童死亡率，改善孕产妇保健，与艾滋病病毒/艾滋病、疟疾和其他疾病作斗争，确保环境的可持续性，建立全球发展伙伴关系。这些目标和指标统称为"千年发展目标"。

联合国"千年发展目标"是当今国际社会在发展领域中最全面、最权威和最明确的发展目标体系，为未来

15 年全球发展制订了时间表和路线图，是推动全球共同发展的里程碑。这一承载着人类社会美好愿景的发展目标，为世界人民特别是处于贫困煎熬中的人们带来了新世纪的新希望。

中国作为联合国安理会常任理事国和世界上最大的发展中国家，始终坚定支持和积极落实联合国"千年发展目标"。

中华人民共和国成立以来，特别是改革开放以来，中国这个古老的东方大国发生了令世界瞩目的巨大变化。国民经济持续快速平稳发展，国家经济实力和综合国力不断增强。进入 21 世纪后，中国提出了全面建设小康社会的奋斗目标，提出并全面贯彻落实科学发展观，这与联合国"千年发展目标"的基本方向相一致，这就为中国实现"千年发展目标"中有关中国的目标和计划奠定了基础。

经过长期不懈的艰苦奋斗，中国已经提前完成了在 1990 年基础上，将贫困人口比例减半的目标。中国依靠自己的力量，不仅解决了 13 亿多人的吃饭问题，还实现了由解决温饱到总体上基本达到小康的历史性跨越。这是中国对实现联合国"千年发展目标"的最大贡献。

自 2008 年 9 月 1 日起，中国在城乡实行免费义务教育，已经提前完成了普及初等教育，消除了中小学教育男女性别歧视。此外，降低 5 岁以下儿童死亡率、改善孕产妇保健、防控结核病和疟疾、提供安全饮用水和基本环境卫生设施等指标，也已提前完成。实现男女平等、促进充分就业、保护生态环境、防治艾滋病、参与全球合作等目标，也取得积极进展。

中国作为一个负责任的大国，除了努力兑现自身对联合国"千年发展目标"的承诺外，还竭尽所能向其他

陕西乡村小学教师在辅导学生

中国援助贝宁医疗队获得的贝宁国家授勋委员会授予的骑士勋章

发展中国家特别是非洲国家和最不发达国家提供真诚无私的援助。为了支持发展中国家实现"千年发展目标"，2005 年，中国采取了 5 项重大举措，包括：给予所有同中国建交的 39 个最不发达国家部分商品零关税待遇，优惠范围将包括这些国家的多数对华出口商品；在今后两年内免除或以其他处理方式消除所有同中国有外交关系的重债穷国 2004 年底前对华到期未还的全部无息和低息政府贷款；在今后三年内向发展中国家特别是非洲国家提供优惠贷款和信贷支持，提供包括防控疟疾特效药在内的药物，帮助建立和改善医疗设施、培训医疗人员及其他各类专业人员等。

在中国的援助下，众多的学校、医院、体育场馆、道路、桥梁、饮水设施、清洁能源和环保项目、农田灌溉等基础设施，在广袤的非洲大地上兴建起来，数以亿计的患者得到了中国援外医疗人员的救治。中国的援建，不仅改善了当地民生，促进了当地经济发展和社会进步，也日益加深着中国同广大发展中国家的友谊。

中国的努力和成就，不仅给中国人民带来了福祉，也为世界的发展做出了重要贡献。中国被国际社会称为实施联合国"千年发展目标"的典范国家，在国际社会树立起了负责任的大国形象。

2015年是联合国"千年发展目标"的验收之年，中国交出了一份值得尊敬的考卷。但中国作为全球最大的发展中国家，人口多、底子薄，依然还面临着发展不平衡、不协调、环境污染等诸多严峻挑战。

为进一步促进全球发展与合作，2015年9月，联合国发展峰会通过《变革我们的世界——2030年可持续发展议程》，包括17个可持续发展目标和169个具体目标，涵盖消除贫困与饥饿、健康、教育、性别平等、水与环境卫生、能源、气候变化等。习近平主席在发展峰会上发表了题为《谋共同永续发展 做合作共赢伙伴》的重要讲话，向国际社会展示了中国与各国携手推进2030年可持续发展议程的意愿和决心。未来机遇与挑战并存，要变梦想为现实，中国依然任重道远，还需加油干，不断奋进。